EL CLIENTE SALE DE VIAJE

CÓMO ENTENDER A LOS CLIENTES DEL FUTURO

RAQUEL SERRADILLA

JOSÉ M. SÁNCHEZ GUITIÁN

**KOLIMA
BOOKS**

Categoría: Directivos y líderes| Colección: Gestión del cliente

Título: El cliente sale de viaje

Primera edición: Junio de 2019
© 2019 Editorial Kolima, Madrid
www.editorialkolima.com

Autores: Raquel Serradilla y José M. Sánchez Guitián
Dirección editorial: Marta Prieto Asirón
Maquetación de cubierta: Sergio Santos Palmero
Maquetación: Carmen Ruzafa, Carolina Hernández Alarcón

ISBN: 978-84-17566-37-1

ÍNDICE

INTRODUCCIÓN.
EL VIAJE DEL CLIENTE

El cliente se quedó parado. Dudó. La flechita de la pantalla permanecía inmóvil sobre la palabra «aceptar». Si presionaba sobre el ratón y asumía el contrato se realizaría una transferencia de treinta euros desde su cuenta y él recibiría a cambio dentro unos días una gorra de su talla y en el color azul que había estado buscando en la tienda de Internet durante veinte minutos. El cliente dudaba. Tenía dudas. Dudaba por la talla, la calidad del tejido, el color, el precio... Incluso dudaba de si le quedaría bien, lo más importante. Es cierto que no se había probado la gorra. La había visto en alguna foto y le gustaba. Era solo una gorra con un precio de treinta dólares, pero dudaba. Su duda razonable, la más intensa, estaba en la fiabilidad de esa tienda virtual a la que había accedido. ¿La otra parte iba a cumplir su parte del trato, la de enviarla? ¿La podría devolver en caso de que no le gustara o no le quedara bien? Y era, en esos segundos de duda razonable, cuando el cliente acumulaba la sabiduría de miles de años de intercambios, dar algo a cambio de algo y ver recompensa en ello.

En estos años de intercambios ha habido muchas decepciones hasta el cumplimiento de la promesa, un *win-win*, te doy y recibo; cuándo la promesa acerca del producto o del servicio se había cumplido y cuándo no. Incluso cuando el cliente se encontraba delante del producto en una tienda y lo veía y lo podía tocar, tenía sus dudas. Ahora el acuerdo estaba cercano, al alcance de un clic, sin que nadie en directo le presionara en su toma de decisión. Tranquilo. No hacía tanto tenía a un vendedor diciéndole que la gorra que deseaba le quedaba bien y que solo había unas pocas unidades en su almacén. Solía funcionar. No hacía tanto la tienda tenía un horario y un lugar más o menos cercano; ahora se encontraba a la distancia de su brazo, de su voz, en su móvil, en cualquier momento, en cualquier lugar. El cliente había mirado ya las opiniones de otros clientes que habían tenido las mismas dudas antes que él expresadas en forma de opiniones escritas o en forma de un número de estrellas amarillas, cuantas más mejor. Los otros clientes anteriores ya habían dado su opinión. Ya existían esos pioneros con esa experiencia previa; no estaba solo en la elección, ni era el primero en comprarse una gorra. El cliente, si tocaba el ratón una vez más, también tendría esa experiencia, pasaría de ser un ciudadano-consumidor a un cliente de la era digital, habría tenido su experiencia si la gorra llegaba, le gustaba y la utilizaba (esto último es secundario). En ese momento de duda, el cliente era solo un precliente. Si daba este paso se convertiría en un cliente, entraría en el futuro. Todo un aliciente. Apretó el clic de aprobación.

Pero esto es ya pasado. Esto le ocurrió al cliente hace unos años, quizá diez, quizá quince, no más. Ahora el cliente está a punto de vivir una nueva aventura que le adentrará en una nueva dimensión.

El cliente sale de viaje.

Hace tres semanas el cliente que se ha descargado el aplicativo de un asistente personal que tiene integrada su voz y su manera de expresarse por escrito (es un duplicado exacto de su manera de hablar y escribir), también tiene su perfil cognitivo (por lo tanto, es una réplica perfecta de la psicología del individuo) y a esta inteligencia artificial se le puede sumar el conocimiento que desee el cliente (él le ha puesto siete idiomas entre los que destacan el chino, el español y el inglés). Ahora el cliente tiene un asistente virtual que sabe sus cuentas reales, su día a día, su agenda, su ritmo circadiano, todo. El cliente le está pidiendo a su asistente que le encuentre un coche especifico al mejor precio, que haga la compra semanal con un presupuesto determinado para que unos menús llenos de vegetales y sin aceite de palma sean una realidad; le ha pedido que busque sugerencias para el fin de semana y también que coordine una cena, el lugar y el precio con un grupo de amigos. Dentro de apenas diez minutos, el asistente virtual, que es su réplica en inteligencia artificial, le dará las tres mejores alternativas para el coche que está buscando; ya habrá tenido todas las opciones posibles, desde el precio del transporte hasta el seguro del coche. El asistente virtual del cliente habrá hecho una compra equilibrada semanal para los cuatro miembros de la familia, que el cliente recibirá en su casa en menos de dos horas. Tiene diez sugerencias con sus precios de planes que hacer el fin de semana y la cena en un japonés, cerrada para el viernes a las 20 h, que es cuando todos sus amigos pueden (el asistente virtual ha reservado y cerrado el menú en el restaurante). Todo está controlado, comparado y presupuestado. El cliente ha dado su OK a la cena, ha elegido el plan del sábado de paseo, museo y tapas en el centro por un precio de veinte euros, también ha incorporado unos filetes de salmón al menú de la semana y lo ha aprobado (con este método de compra se ahorra mucho dinero y su salud ha ganado), y con respecto al coche, ha establecido una alarma y, cuando el sistema encuentre ese modelo de coche al precio que él desea, le avisará; es una cuestión de precio y tiempo.

Las dos situaciones descritas, una en pasado y otra en un futuro muy próximo, nos sitúan al cliente en un escenario totalmente diferente en cuanto a su actitud, su comportamiento y sus necesidades.

¿Está tu empresa preparada para ese viaje que va a iniciar el cliente?

Si tu respuesta es sí, creemos que podrás encontrar en este libro una reflexión que te ayudará a mejorar y a entender la experiencia del consumidor en la que estás invirtiendo muchos recursos.

Si tu respuesta es no, puede ser principalmente por dos motivos. El primero es pensar que «ya cruzaremos ese puente cuando aparezca en nuestro camino». El problema es que, cuando llegues al puente, este será el más largo de los puentes que haya cruzado el ser humano, el puente de la «singularidad tecnológica» (o lo que se denomina la «era de la inteligencia artificial» donde los robots irán siendo capaces de automejorarse en un bucle infinito de aprendizaje sin necesidad de la intervención humana). La segunda gran opción para una respuesta de no es el desconocimiento de por dónde dar los primeros pasos, algo entendible en cualquier caso.

El cliente es lo más importante para una compañía, es su razón de ser. Durante años hemos intentado saber quién es, rastrearlo, fidelizarlo a través de un club, regalarle cosas, embelesarlo con nuestros anuncios, con los escaparates, darle el mejor servicio en directo y a través de un *contact center*, incluso hemos rociado de olores específicos los espacios para que estuviera de nuestro lado; lo estamos intentando todo para mejorar aquello que hemos denominado «la experiencia del cliente».

Es difícil saber cuáles son los siguientes pasos en esta relación entre las empresas y el cliente.

Este libro es el resumen de las charlas mantenidas durante dos años entre sus autores, uno con residencia en Madrid y otro en Los Ángeles. Son las preguntas que nos hacíamos en esa reflexión que supone imaginar el futuro, comprender el presente y asumir el pasado. Nunca ha sido nuestra intención hacer un libro para especialistas en las materias concretas a las que se refiere este libro. Las inconcreciones y los errores los iremos rectificando conforme vayamos teniendo conocimiento del futuro y, sobre todo, con el reconocimiento de los mismos.

El cliente sale de viaje es una reflexión que coloca al cliente en diferentes escenarios e intenta reflexionar sobre el futuro de sus decisiones.

Permítenos aquí adelantarte el final de este libro; déjanos que te digamos ahora quién es el asesino, ya que todos sabemos que un buen libro siempre tiene un buen crimen por resolver. Y el asesino de esta historia es... el desconocimiento. El cliente está muerto (para tu empresa) si no sabes, no ya quién es, sino cómo es y cuáles serán sus próximos pasos. Esta es la única arma que te servirá para predecir, influir y fidelizar sus comportamientos y sus acciones de compra.

Para muchos un viaje comienza cuando están haciendo las maletas; para otros, antes, cuando están comprando los billetes, y otros muchos consideran el comienzo de la travesía su entrada al aeropuerto o su llegada al destino. Cada cual tiene una visión diferente del viaje. Para nosotros este comienza cuando soñamos en ir a un sitio. Y es aquí, precisamente, donde situamos al cliente.

Para nosotros el cliente sale de viaje cuando está imaginando su viaje al futuro. Aquí.

CAPÍTULO PRIMERO.
EL CLIENTE LÍQUIDO

LO LÍQUIDO

Inspirados en el sociólogo, filósofo y ensayista de origen polaco y creador del concepto de la «modernidad líquida», Zygmunt Bauman, el adjetivo que hemos elegido para nuestro viajero lo describe bastante bien: «líquido».

Bauman fue capaz de aventurar el más allá de la modernidad. A finales de los noventa acuñó la definición de «modernidad líquida» para definir a la sociedad que venía y la que nos iba a tocar vivir. Y no se equivocó. Bauman denomina a nuestro mundo «líquido» porque no se mantiene inmóvil, ni conserva mucho tiempo su forma. Él nos explica que los vínculos se han vuelto transitorios, absolutamente cambiantes. Esto lo vemos en nuestro día a día. Como personas integrantes de una sociedad y consumidores de productos y servicios somos intrínsecamente infieles, no nos conformamos con cualquier cosa, lo cuestionamos todo, estamos a un clic de ratón de cambiar de proveedor, de contactar con un nuevo amigo o de conseguir un trabajo.

Lo líquido, lo fluido, es una sustancia que modifica su forma y que no permanece a lo largo del tiempo. Hoy me adapto a la botella, mañana a la taza y pasado a la jarra, ¿por qué no? Y es precisamente este un rasgo que va a marcar la forma de hacer las cosas en nuestras organizaciones, en el día a día de nuestra empresa y en el contacto con el cliente del futuro.

El grado de compromiso se licua por momentos, los vínculos duraderos se han ido remplazando por conexiones y relaciones que quedan desvirtuadas por palabras como *like* (me gusta) o *friend* (amigo), si bien estas relaciones pueden ser mucho más variadas, incluso inesperadas y tienen poco de consistentes en cuanto a las relaciones interpersonales hoy. Hemos pasado de unos pocos mucho a unos muchos poco.

La realidad es líquida y la sociedad y las marcas que consumimos son consecuencia y propulsores de esta realidad. El *panta rei* (todo fluye) de Heráclito es aplicado a los clientes por el devenir de ese río donde se transforma de manera constante el valor relativo de cuantos aspectos componen la realidad de un producto, servicio o idea. «*En el mismo río entramos y no entramos, pues somos y no somos los mismos*». La cita del filósofo, formulada hace dos mil seiscientos años, nos sirve para ilustrar que efectivamente, hoy más que nunca, tanto los sujetos como los objetos de la realidad líquida están en continuo movimiento.

Si pudiéramos observar una gota de agua en el espacio veríamos cómo la masa de agua se convierte en una esfera. Es la fuerza de la gravedad la que hace que esta materia se adapte a su contenedor. Por lo tanto, aquí en la Tierra y con nuestra gravedad, es muy difícil hablar de líquidos sin hablar de sus contenedores. Imposible. La lluvia acaba en un torrente, en un río, en un océano, en un vaso. Una lágrima se adapta a nuestra mejilla y la lava al entorno que destruye. Esa es la dinámica.

BREVE HISTORIA DEL CLIENTE

Para entender el término original de cliente debemos trasladarnos a la Antigua Roma, donde se estableció que la relación entre dos hombres libres de distinto espectro socio-económico podía tener un marco de convivencia basado en la obediencia (*cluere*) y el respeto (*obsequium*). El que obedecía era un cliente, que se ponía bajo el amparo de un patrono. De esa manera se recortaban las diferencias sociales y establecían canales de comunicación entre los diferentes estatus y clases sociales. El patrón ganaba prestigio *(dignitas)* con esta forma de vasallaje y por la cantidad de clientes a tu cargo, y el cliente ganaba protección, ayuda y, en muchos casos, dinero por ese apoyo explícito. Digamos que la dignidad de una persona se podía medir por el número de clientes que dependían de él. Si bien este tipo de relación es constante en la Historia, llamémosle servilismo al poder, por la fuerza o al amparo del dinero, este vínculo tiene una enorme fuerza en nuestra cultura donde lo tenemos presente en la política, en la empresa, o incluso en las bandas de delincuencia organizada. Seguro que te viene a la memoria la película *El padrino*, donde don Corleone atendía a sus clientes para darles algún tipo de consejo o servicio.

El término «cliente» que utilizamos en nuestros días está ligado al comercio y las transacciones comerciales, denominando así a la persona natural o jurídica que realiza el acto de la compra. Si bien la palabra cliente no aparece de nuevo hasta bien entrado el siglo XV, es a lo largo de la historia del comercio, y sobre todo de la aparición de las monedas, cuando el valor de las transacciones cobra otro significado, más que en la anterior economía de subsistencia o trueque. Uno paga por un producto y servicio y se convierte en cliente. Un estatus no alcanzable de una manera más amplia y rigurosa hasta la llegada de la Revolución Industrial y el acceso a los bienes de una manera generalizada. El comercio había dado sus primeros pasos con la especialización local, los gremios y las rutas comerciales, y ese sobrenombre de cliente estaba reservado a una minoría muy pudiente.

Es la creación de la banca, de los préstamos, lo que permite el crecimiento de las sociedades avanzadas. Y es en estas sociedades donde las empresas comienzan a establecer sus relaciones con esos nuevos clientes que tienen la capacidad económica de adquirir objetos de valor. La llegada a Europa de los cargamentos de seda, especias, oro o cacao hace de estas transacciones y su cotidianidad los elementos clave para ese nuevo cliente que está naciendo y que en mayor o menor medida permanece en nuestros días.

EL CAMBIO

Los humanos somos, por definición, seres que nos adaptamos al cambio que nosotros mismos provocamos. Cambio, adaptación y evolución son conceptos inherentes a nuestra estancia en el planeta.

Tenemos la necesidad de adaptarnos profesionalmente en todo momento a los nuevos tiempos y nuevas circunstancias, y en este sentido eliminamos corsés que nos impiden movernos con agilidad. Aunque más adelante hablaremos en profundidad sobre este tema, de nuestra capacidad de adaptación, la tecnología y las personas van a jugar un papel fundamental como fuente de constante innovación. Creemos que a estas alturas somos conscientes de que nuestra diferencia, y por lo tanto nuestra oportunidad, es hacer un uso valiente y simple de la innovación, o lo que es lo mismo, buscar, analizar y mejorar cada uno de los elementos con los que se conforman nuestras vidas.

Recalcamos el hecho de mejorar lo básico, porque un gran error que cometemos con frecuencia en nuestras organizaciones es perdernos en las florituras, casi siempre superfluas, dejando a un lado lo elemental, lo básico, aquello que nos hace únicos y diferentes.

Cuántas veces nos hemos visto en situaciones en las que amigos, conocidos de la industria y en puestos relevantes en sus organizaciones nos han preguntado cómo abordar ciertas problemáticas de negocio, del futuro, cómo adaptarse a una tecnología que mañana será anticuada; y, una vez profundizamos en el tema, nuestra reacción es devolverles una pregunta: «*pero tienes resuelto lo básico, ¿no?*». Luego vendrán otras cuestiones menos importantes: «*¿tienes clara tu estrategia?, ¿cuáles son tus procedimientos? o ¿conoces de verdad a tus clientes?*».

Cuántas veces, por ejemplo, queremos mejorar o trabajar nuestra presencia en los canales sociales, cuando los canales de atención a nuestros clientes «reales» hacen aguas, o peor aún, no sabemos quiénes son, sus hábitos, o cómo y por qué utilizan esos canales para dirigirse a nosotros.

Veamos un ejemplo. Si nos centramos en la tradicional llamada telefónica que realiza un consumidor cualquiera a este elemental canal de comunicación y comprobamos el indicador resolución de llamada en primera instancia, conocido por su denominación inglesa *first call resolution* (FCR), solemos comprobar que este se encuentra en niveles muy bajos. Esto casi siempre ocurre cuando una empresa nos declara su preocupación por no entender lo que está pasando. Hemos ganado muchas apuestas sin recurrir a más datos que a este ratio tan fácil de obtener. Hagamos cálculos: si el 30% de llamadas, de media, sigue requiriendo un seguimiento, eso significa que estamos incrementando el coste de gestión de las mismas en valores cercanos al 500%. Sí, sí, lo habéis oído bien: el 500%. Sabemos, además, que el FCR es uno de los indicadores, que empíricamente guarda más relación con la llamada «satisfacción del cliente».

A lo largo de este libro vamos a analizar lo básico, aquellos procesos que nos unen con nuestros clientes y que nos ayudan a entenderlos. Al igual que tú, que nos estás leyendo, y en línea con el concepto «líquido» que hemos introducido sabemos que las cosas van muy deprisa, mucho, y que los patrones de los clientes cambian constantemente. Pero no miremos a otro lado, ni iniciemos la huida al futuro a través de un Internet salvador. Los datos están ahí y los niveles de servicio, los servicios más básicos del 90% de las empresas dejan mucho que desear.

Es la incertidumbre la que define nuestras vidas y nos mantiene en un constante estado de temor a no poder adaptarnos a lo que nos demanda la sociedad: nuevos trabajos de los que no habíamos oído hablar hace diez años, nuevos coches autónomos o nuevos móviles con herramientas inimaginables. Si a esto le unimos las fechas de caducidad de los productos, la obsolescencia programada (creación de las cosas para que caduquen o se desgasten) y el concepto de incertidumbre, nos apremia reinventarnos constantemente.

Sería interesante aquí recordar el término «humanos sincrónicos» de Elzbieta Tarkowska, que nos define como individuos que viven el presente y no prestan atención a la experiencia pasada o a las circunstancias futuras de sus acciones, lo que nos lleva a una cultura presentista, sin valor de paciencia y perseverancia. Podemos simplificarlo en la frase: «*compro, luego existo*». La socióloga Tarkowska, que trabaja en el Instituto de Filosofía y Sociología de Varsovia, tiene como una de sus áreas de interés la antropología del tiempo y el estudio de los estilos de vida, donde destaca su libro *Tiempo de la sociedad*. Desde hace varios años trabaja centrándose en el estudio de la pobreza y sus diferentes manifestaciones.

Para entender la importancia de este cambio, debemos remontarnos al final de la Segunda Guerra Mundial en un mundo que necesitaba recomponerse. Nunca desde entonces habíamos vivido una quiebra del sistema financiero, ni una alteración de la confianza de los clientes como la actual. Nunca desde entonces habíamos vivido momentos tan devastadores para la consciencia colectiva como el terrorismo y las catástrofes. Nunca antes habíamos vivido en una «sociedad líquida» hasta ahora.

LA IMPORTANCIA DEL TIEMPO

A nosotros también se nos llena la boca al hablar de futuro cuando el presente no lo tenemos consolidado. Nos gusta vivir en el mañana, pero dominar el arte de la satisfacción del cliente del presente se ha complicado en la última década. Casi todos los estudios realizados en los mercados más importantes del mundo en los últimos años dejan claro que los índices de satisfacción de los clientes en el mejor de los casos se han mantenido estables en el tiempo y, en el peor, han disminuido. Y eso que contamos con aliados tecnológicos y de conocimiento inimaginables hace poco tiempo.

Esta última es una de las palabras que más sentido dan a la vida. ¿Sabéis cuál es la variable que más valora el ser humano, aparte de la salud, claro? Sí, el tiempo.

El tiempo es una magnitud física con la que medimos la duración o separación de acontecimientos sujetos a cambio. Einstein pensaba en el espacio y en el tiempo como una sola cosa, el espacio-tiempo, y este dependía del estado del movimiento del observador.

Esta es la clave: todas las estrategias que vayan orientadas a reducir el tiempo de gestión y, por ende, a hacer ganar tiempo a nuestros clientes, se llevarán el gato al agua. La manida frase «el tiempo es oro» es clave para entender el cambio que se produce en nuestras vidas. El tiempo no solo es dinero para la compañía, no es un problema de gasto; nuestro cliente es consciente de su valor transaccional y solo aquellas empresas que sean conscientes del valor del tiempo de cada uno de sus clientes sobrevivirá. Solo esas.

El papel que juega la sensación de tiempo en el cliente en esta sociedad de la abundancia en la que vivimos le ha dado un *estatus quo* que no debe ser indiferente para ninguna organización, sea esta pública o privada. Estamos ante un cliente infiel; su grado de compromiso, vínculo hacia una marca no existe. Con un poco de reflexión podemos comprobar que nuestras relaciones con los productos y servicios son cada vez menos duraderas.

Los humanos somos conscientes de que en una vida caben muchas vidas y no queremos ceder un solo minuto a cambio de nada o a cambio de todo.

Estamos en una sociedad preventiva donde valoramos y necesitamos la improvisación, pero no deseamos sorpresas desagradables como clientes que nos lleven al precipicio, y queremos que el final feliz esté escrito de antemano. Un tiempo social donde no existe la palabra aburrimiento y en cambio sí la palabra rapidez.

«Lo que no llega al corazón en un segundo no vende». «Enamoras cuando resuelves un problema rápido». Estas son algunas frases categóricas que escuchamos cada día y que son «difíciles» de implementar sin jugar con la sensación que produce el tiempo. Es cierto que la gestión de la emoción juega un papel fundamental en las relaciones que establece nuestro cliente líquido con cada uno de sus gastos, pero no es menos cierto que esa emoción debe tener un tiempo adecuado de respuesta. Más que nunca, nuestro trabajo es anticiparnos a ese deseo y solucionarlo en un tiempo correcto, de manera que el valor percibido sea mayor que el prestado. Conocer al cliente y su sensación del tiempo no es una opción, es una necesidad. No tenerlo en cuenta nos pasará factura, así que más nos vale subirnos a este tren y entender, conocer y convivir con nuestro nuevo compañero de viaje, el cliente líquido. ¡Ah! Y la paradoja es que «ese cliente líquido somos también nosotros».

VUCA

VUCA son las siglas de *Volatile, Uncertain, Complex* y *Ambiguous*. Su uso se ha generalizado ahora en el mundo de la empresa, pero era el acrónimo que utilizaban los mandos militares norteamericanos para referirse a un territorio hostil en condiciones extremas en Afganistán e Iraq.

Si líquido hace referencia al contenido, VUCA hace referencia al contexto volátil, incierto, complejo y ambiguo en el que estamos sumergidos y dentro del cual necesitamos tomar decisiones. La toma de decisiones no es más que dar sentido a los desafíos de unos cambios constantes. La política, la economía, las relaciones sociales, el medioambiente o la tecnología nos provocan a diario la sensación de que andamos sobre un campo de minas, un entorno VUCA.

«Volatilidad» significa cambio, pero no un cambio progresivo sino instantáneo, un visto y no visto. Todo lo que parecía sólido e imperecedero desaparece en un plis plas y nuestras decisiones van solo dirigidas a reducir nuestra incertidumbre.

Este es un mundo en el que se camina rápido con la duda a cuestas y eso requiere una mayor agilidad en la toma de decisiones por la complejidad de lo desconocido y la ambigüedad de no saber si aquello que ocurre ahora es bueno o malo para el resultado final.

Entrenarnos para agilizar nuestra toma de decisiones es una labor harto compleja. Nuestra psique, por mucho que nos empeñemos, no está preparada para cambiar. No cambiamos. Cambia el entorno, cambia el conocimiento y nosotros seguimos siendo los mismos. ¿Cómo responder entonces a situaciones de rápido despliegue para cometer los menos errores posibles?

Cada vez es más complicado distinguir entre lo prioritario y lo importante. Tenemos muchos compañeros de profesión que cada vez nos recomiendan más no invertir demasiado tiempo en planes estratégicos a medio y largo plazo pues nunca se llevan a cabo. El pasado no es ya una solución y anticiparse a los riesgos es una tarea muy costosa. No hace mucho, delante de una taza de té, una CEO de enorme prestigio nos confesaba que sus tomas de decisión tenían más de intuición que de análisis. «*Los números pueden llevarte a conclusiones certeras cuando hablas del presente, pero el instinto, esa mezcla de conocimiento, emoción y curiosidad, es lo que determina nuestro futuro*».

Un militar sobre el terreno sabe que cuenta con su armamento, pero sobre todo sabe la estructura que le rodea para ir avanzando, comprende que el conflicto llegará en cualquier momento y que en ese momento tendrá un respaldo. El sistema está preparado para socorrerlo y cada uno de los componentes del mismo sabe específicamente su cometido. Cuando llegue el momento, el problema, sea cual sea, se despiezará para solucionarlo parte a parte. Esta es una de las enseñanzas más importantes del entorno VUCA.

Si en su empresa su estrategia de gestión del talento está funcionando, puede dormir tranquilo y al día siguiente seguir avanzando. Todo entorno incierto debe tener la gente adecuada en el lugar correcto. Es cada una de esas personas las que resolverán los problemas; por lo tanto estimular las redes en lugar de las jerarquías, aprovechar la diversidad o fomentar el compromiso de los empleados son tareas que facilitan las soluciones rápidas.

VUCA nos enseña a no aferrarnos a procesos sabidos, a comportamientos establecidos y a no mantener todo el conocimiento en pocas cabezas.

Tenemos que acostumbrarnos a sentirnos incómodos.

LA TECNOLOGÍA

«*Si nos remontamos a la primavera de 2013...*», así empezaba Raquel una de sus presentaciones en un marco en el que se hablaba de nuevos modelos de interacción con el cliente futuro: «*...nos encontramos ante una situación en términos sociales sin precedentes. Se va a dar un fenómeno, que, por extraño, nos ha pillado a todos por sorpresa*». ¿Podemos hablar de clientes pasados, presentes y futuros? ¿Qué está pasando? ¿Por qué nos preocupa tanto el cliente? ¿Y por qué hacemos especial mención al cliente del futuro? Está claro que algo está pasando y queremos saber lo que es. La audiencia estaba expectante... ¿Qué querría decir Raquel con que se va a dar un fenómeno que, por extraño, nos ha pillado a todos por sorpresa? «*Si retrocedemos ocho* años, *al año 2005* (el año que se inició con un tsunami en el Índico en el que perdieron la vida más de 231.000 personas), *¿al alcance de quién estaba la tecnología? ¿qué me diríais?* (silencio) *¿Quién podía comprar esa tecnología del año 2005?*». El silencio parecía tomar otra dimensión y se veía aderezado con expresiones de confianza en las caras. La respuesta era sencilla: «*las empresas*». Continúa, ve caras de medio-alivio. «*La sociedad sabía de tecnología gracias a las empresas. Y si tenías la ventaja de trabajar en una de las empresas con tecnología punta, eso era una ventaja. Eran las empresas las que marcaban tendencia y decidían qué hacer con la tecnología para que estuviese o no alineada con las necesidades de los clientes*».

Está claro que hace doce o trece años, más o menos, empresas como IBM, Dell, Intell y Microsoft eran las que marcaban la tendencia. Lo que los americanos llamaban *The gang of four* (la banda de los cuatro). Hoy en día si nos preguntásemos quiénes componen la banda de los cuatro, la respuesta sería clara: ninguno de los anteriores. Se habla del fenómeno GAFA (Google, Apple, Facebook, Amazon). ¿La razón de este cambio? Un aparatito que nos acompaña a todos lados.

El mundo se ha vuelto móvil, un exocerebro que, acompañado de los sistemas en la nube *(cloud)*, están marcando un antes y un después en nuestro modo de vida. Todas las facetas, necesidades y formas de hacer negocios surgen desde la palma de la mano por medio de iconos que reaccionan a nuestro tacto. *¿Big data?* Millones y millones de datos que están a nuestra disposición y que, para ser productivos, deben estar organizados. Para que estos datos sean útiles deben servir para tomar decisiones, para el análisis de la información y de las redes sociales, nuevas formas de relacionarnos e interactuar.

La tecnología —ese conjunto de conocimientos que se transforman en herramientas para los seres humanos— ha sido la verdadera revolución de nuestra especie. La gestión de las sociedades obliga al uso de la misma, desde los manuscritos que determinan las propiedades, hasta el uso de los GPS que el gobierno norteamericano deja a disposición pública en el año 1992. Por primera vez, desde que la informática existe, la tecnología entra en las empresas, que estaban llenas de archivos de hierro y papel amarillento para dar respuestas al cliente. Por esta época, la de los primeros ordenadores personales, es cuando el cliente líquido se está incubando. Aunque nadie podía ni soñar el futuro que le esperaba.

COCREACIÓN

Estamos en lo que se ha venido en denominar la «era del cliente». Querámoslo o no, el cliente se sitúa en el centro de las organizaciones. Hay muchas voces que hablan de situar a los clientes en los consejos de administración de las empresas. Valga el ejemplo de Sony en el área de la electrónica de consumo que anunció la puesta en marcha de *Futur Lab Program* con el objetivo de lanzar a la sociedad proyectos y prototipos que estaban en gestación y así ver la reacción de los consumidores. Hablamos de cocreación.

Estamos en un momento en el que la economía tradicional basada en productos y servicios ha dado paso a una nueva etapa conocida como la «economía de las experiencias». En este contexto, hacer sentir bien al cliente se convierte en un pilar básico de la estrategia de cualquier compañía.

Al igual que hablamos con mucha familiaridad del departamento financiero, de Recursos Humanos, de Ventas, deberíamos hablar del departamento de Gestión de Experiencias del cliente. Las cifras hablan por sí solas: los clientes satisfechos generan nuevos clientes. Más que nunca, las empresas tienen que buscar canales de innovación que les permitan estar a la altura de las exigencias del mercado. Como bien dice el proverbio chino, *«solo llegas más rápido acompañado; en equipo, más lejos»*. Implicar en nuestros procesos de innovación a proveedores, clientes y empleados nos ayudará a conseguir nuestro objetivo.

Cuando hablamos de implicar a clientes, hablamos de cocrear con el cliente. Pero, ¿qué es la cocreación? La cocreación consiste en que las empresas permitan que sus clientes les ayuden a hacer sus productos, de tal manera que el resultado final sea algo ajustado a sus preferencias. Esta es una manera de que el cliente salga a la luz. Una de las experiencias más curiosas de cocreación se llevó a cabo para la creación de la película de *Independence Day* en el año 1996 cuando se hicieron multitud de *focus groups* de jóvenes que estaban deseando ver una película de invasión alienígena. Sin duda, Roland Emmerich tomó buena cuenta de todo ello para hacer una película que costó 75 millones pero que ha recaudado más de 900 millones de dólares.

Simplemente escuchó y asumió cocreación con su público más fiel, los *teenagers*.

LA EXPERIENCIA DEL CONSUMIDOR

Si definimos «cliente», en su acepción clásica sería: *«persona que compra en una tienda, o que utiliza con asiduidad los servicios de un profesional o empresa»*. Bien, en principio esta definición se nos antoja vaga, demasiado general, aunque eficaz por ser una definición genérica. Pero nosotros debemos dar un paso más allá, profundizar siendo coherentes con la propuesta anterior que sitúa al cliente en el centro del negocio. Cliente es el que toma las riendas, quien se coloca en el objetivo de las compañías.

Un ejercicio sano que debería hacer cualquier organización es preguntarse: ¿qué es el cliente?, ¿el que paga las facturas?, es una manera de verlo sin emociones. ¿Nuestra razón de ser?, esto ya es otra cosa. No nos vamos a poner filosóficos, pero en el primer caso aludimos al «tener» y en el segundo al «ser». Si queremos tener más oportunidades, el «ser» nos va a dar más juego que el «tener». Hay más gente que aspira a ser algo que personas que puedan tener ese algo. ¿Ejemplo? Hay más gente dispuesta a ser de un club de fútbol que esos pocos que son los miles de aficionados que tienen entrada para ir a un estadio. Hablamos de percepciones. La percepción es el proceso por el cual el ser humano selecciona, organiza e interpreta la información. Debemos entender que las personas pueden reaccionar de forma distinta ante un mismo estímulo o mensaje dependiendo del conjunto de sus características personales distintivas. Por este motivo es imprescindible conocer profundamente al cliente para poder hacer resonar, amplificar el mensaje de la forma más efectiva, mediante estímulos o comunicaciones personalizadas.

Por fin, las organizaciones están entendiendo que esto tiene que ser así; el foco debe estar en el cliente, y aunque más lentamente de lo que debería, empezamos a ver con asiduidad como en los planes estratégicos de las empresas los clientes se colocan en el centro de las organizaciones arrastrando a todos los departamentos que directa o indirectamente se relacionan con los mismos en lo que se ha dado en llamar «*customer journey*».

Se comienza a trabajar la cultura cliente a todos los niveles. Aunque todavía estamos muy lejos de lo ideal, sí observamos que se ha empezado a ver un cambio de tendencia y que muchas organizaciones orientadas al cliente, aquellas que han asimilado que estar cerca del mismo es fundamental y basan su estrategia en este hecho, lo están notando favorablemente... Pero ¿qué es estar cerca del cliente? Una respuesta fácil sería: conocer sus preocupaciones y tener capacidad de reacción ante los problemas que surjan, entregarle lo que realmente demanda, cuando lo pide, desde donde lo hace... Y si fuera posible darle un poquito más de lo que espera, trabajar para anticiparnos... sorprender. Estamos proponiendo trabajar todas aquellas aristas que tienen un impacto directo o indirecto en la famosa «experiencia del cliente».

Los americanos –tan dados a bautizar las cosas con abreviaturas– utilizan las siglas CE o CX *(customer experience)*, término más *cool* para la denominación de la experiencia de cliente y que se produce como producto de las percepciones, por lo tanto subjetivas, de un cliente cuando «interactúa» racional, física, emocional y/o psicológicamente con cualquier parte de una empresa o de una marca. Esta percepción afecta a los comportamientos del cliente y genera recuerdos que pueden impulsar la lealtad y tienen consecuencias sobre el valor económico que genera una organización. A simple vista, la definición nos hace pensar que esto debe tratar de algo importante, entre otras cosas porque tiene un impacto directo en la cuenta de resultados.

¿Y por qué ponemos especial énfasis en la palabra «interactuar»? El modo en que históricamente hemos venido interaccionando con nuestros clientes ha sido transaccional, operaciones de compra y venta sin más; podríamos decir que un vendedor acuerda entregar un producto o servicio al comprador y este acepta darle dinero a modo de compensación. ¿Teníamos un cliente satisfecho? Sí, puede, pero ¿hasta qué punto estaba fidelizado? He aquí la diferencia: esto ya no va de transacciones, va de relaciones que buscan no solo la satisfacción, sino la fidelización, que tiene como consecuencia la repetición voluntaria.

Todos habremos escuchado más de una vez que *«del producto se nota su presencia, del servicio al cliente, su ausencia»*. ¡Qué gran verdad!

Más que nunca se hace necesario interiorizar la máxima de que, si el cliente es el rey −permítanos la ironía−, la experiencia del cliente es la reina. El poder del boca a boca no ha sido tan cuantificable en el tiempo como lo es hoy. Muchas empresas utilizan la CE como mecanismo para mantener su *status quo*, pero las empresas inteligentes la utilizan como mecanismo de diferenciación.

La proactividad es la mejor opción para las empresas que se han comprometido a ganar la batalla por el cliente. Ser más rápido que sus competidores es la nueva ley de la selva, donde el león sigue durmiéndose confiado de su poder y el de sus leonas, pero su aplicación a los negocios es real: el más rápido, por lo general, salvo tropiezo, gana.

La competencia ya no está en ser grande o pequeño. Los dinosaurios eran muy grandes y desaparecieron.

PROTAGONISMO

El cliente –todos lo hemos sentido o experimentado– ha visto que la vida ha tomado una velocidad mucho mayor, muchos dirán que de vértigo, haciendo que los días sean más ansiosos y agitados.

El cliente se siente fuerte con su nueva responsabilidad. La democratización de la tecnología le hace en muchos casos contar con mejores herramientas que las que le ofrecen sus propios proveedores. Lo sabe y hace uso de ello comprando, comparando y valorando. Valora el tiempo en su dimensión de inmediatez, coherencia, quiere ser dueño de su destino, entendido este como resultado de las decisiones que toma y no le gusta que le marquen el paso.

El cliente no quiere ser solo protagonista, quiere ser actor; quiere dejar la butaca y subirse al escenario. ¡Saquémosle partido a este hecho!

Llevándolo al terreno práctico, nos podemos apoyar en el ejemplo McDonald´s y sus máquinas autoservicio. El primer pensamiento que les vino a la cabeza a los clientes de aquellos años fue «*¡vaya, McDonald´s suprime puestos de trabajo y quiere que lo haga yo!*». Sí, muchísimas compañías han quitado puestos de trabajo en los lineales de caja y han derivado este trabajo al cliente. Efectivamente, con la introducción de estas máquinas hubo una gran controversia entre los empleados de McDonald´s, pero el tiempo ha venido a demostrar que dicho sistema tiene ventajas claras y un impacto directo en la experiencia cliente. ¿Por qué? Entre otras cosas, reduce las colas y los tiempos de espera. Ya lo decíamos antes: todas las estrategias que vayan orientadas a reducir el tiempo de gestión y, por ende, a hacer ganar tiempo a nuestros clientes, se llevarán el gato al agua.

Son muchas las organizaciones que están poniendo especial foco en la gestión de las colas de sus procesos. Que la espera, que el cliente puede considerar tiempo perdido, se convierta en algo positivo. Lo vemos en grandes superficies, conciertos o parques de atracciones. Eso es lo que se denomina «trabajar el ecosistema experimental»; es de vital importancia y lo iremos desmenuzando a lo largo de este libro.

Los mercados deben ser interpretados más allá de los números; son conversaciones multilaterales entre todos los participantes. Conversaciones entre clientes que aprueban y redirigen sus palabras entre ellos y con las empresas. Y en estas conversaciones la voz del consumidor, de nuestro cliente líquido, hoy es más potente que nunca.

Cada individuo es distinto, son perfiles psicológicos diferentes y tienen personalidades, valores, necesidades y gustos particulares. Trabajar los modelos descriptivos, la prescripción y la predicción está ya a nuestro alcance; hemos dado pasos que van más allá de escuchar, involucrarse o hacer que tu cliente sea un embajador de tu marca. Ahora sabemos cómo proporcionar un valor real, más allá del producto y del precio de algo, ahora sabemos quién y cómo es el cliente líquido, y la tecnología nos permite identificar las diferencias personales que caracterizan a cada uno y a la vez generar procesos de comunicación ultrapersonalizados. Podemos trabajar la capacidad empática de las compañías, así como los modelos de predicción del comportamiento humano. Ya está aquí su aplicación a áreas como el *retail*, los sistemas de influencia social, los asistentes personales de la inteligencia artificial o la generación de modelos de prevención de riesgos en el campo de la salud, la seguridad o la banca y los seguros.

DIY

Afortunadamente, la evolución de la tecnología nos ayuda a dar respuesta a este tipo de mercado en el que nos encontramos a día de hoy, en el cual el productor inteligente escucha lo que el cliente quiere, y además es capaz de proporcionárselo. Una consecuencia de esto es el efecto «hágalo usted mismo» o «*do it yourself*» (DIY), la transformación del consumidor en *prosumer* y el efecto que este hecho tiene en la experiencia del cliente.

El concepto de «*prosumer*» combina algunas de las características de un profesional y un consumidor. El término se aplica al hecho de que los consumidores han alcanzado tal nivel de sofisticación en su conocimiento del producto que dictan los perímetros de la producción de bienes y servicios en cuanto a su calidad y estructura. La definición de «*prosumer*» como agente de «prosumo» es compleja aunque interesante para las marcas como actividad que agrega valor a un producto material en estado natural, servicio, o al conocimiento en sí mismo, o bien que sirve de soporte a nivel biológico y sistémico para la existencia de actividades remuneradas. Algunas de sus variantes implican una agregación de valor por parte del propio usuario, que se sustrae a los costos de producción de una empresa, y que implica un ahorro monetario al cliente al realizar este último un trabajo que antes era efectuado por personas dependientes de la empresa. Este trabajo consiste en la elaboración de un pliego de condiciones informal sobre el producto que necesita. Es una actividad voluntaria y que requiere compromiso, esfuerzo y tiempo. La aparición de Internet le ha dado un nuevo énfasis, potenciando el trabajo *prosumer* a través de redes de colaboración, que agregan valor de manera colectiva, incentivando la innovación y compartiendo conocimientos que aceleran los ciclos económicos y tecnológicos. Su aparición se liga con los cambios en las formas de producción que cada vez producen más teniendo en cuenta las demandas específicas de los usuarios.

Según el artículo de ProsumerLab: «*Contar con sus prosumers, tanto internos, como el personal y los stakehol-*

ders directos, como externos, clientes o usuarios o provee-dores, puede ser una fuente de conocimiento muy rica para las organizaciones. Pero no hay que creer que nos lo van a dar todo hecho». Hay que entender sus demandas, y a partir de ellas elaborar las nuevas propuestas. La magia debe existir. La clave está en tener en cuenta que lo que las personas usuarias tienen en mente no es dar con un producto o servicio concreto, sino satisfacer sus necesidades.

El cliente ahora no solo quiere seleccionar el producto o servicio, quiere sentirse parte de él. ¿Por qué estamos dispuestos a comprar un mueble que encima tenemos que montar nosotros? Ikea es un claro ejemplo, pionero, del «hágalo usted mismo». La independencia, el control del tiempo, son variables que van unidas a este concepto inicial DIY. Recordemos, por ejemplo, que en el ámbito del deporte casi todas las marcas conocidas nos permiten personalizar las deportivas hasta el punto de sentirlas prácticamente como únicas. Y a este respecto, la gestión uno a uno por parte de las empresas no puede dejar de ser considerada como un gran acierto de cara a su cliente que por unos momentos se cree un diseñador de altura. Seguramente para el resto el resultado artístico dejará mucho que desear, pero para él habrá sido una experiencia inolvidable.

UN MUNDO DE PREGUNTAS

Trabajar en el modo de cuestionarse las cosas constantemente tiene que ser parte del ADN de las organizaciones que busquen un hueco en esta sociedad que hemos dado en llamar «de la abundancia», una sociedad definida por el capitalismo de libre mercado y donde hay de todo en grandes cantidades y donde todo tiene su precio. Aprender a hacernos preguntas, valernos de los datos que tenemos y convertirlos en información, romper con lo establecido y tener siempre al cliente presente nos ayudará a encontrar esa diferenciación más allá del producto y el precio. Para una bodega de Ribera del Duero, las cosas antes eran relativamente más sencillas, su competencia menor, el mercado local. Pablo Baquera, director de marketing de esta denominación de origen, nos comenta que la forma de dirigirnos al mercado tiene que ser otra y llena de preguntas como: *«¿quién bebe mi vino?; ¿cómo se bebe mi vino?; ¿el que bebe mi vino es el mismo todas las semanas?; ¿qué tiene este vino que hace que se beba más?; si mi vino lo bebe Cristiano Ronaldo, ¿puedo aumentar su precio?, ¿cómo garantizo que el vino que produzco llegue a la mesa con la calidad que sale de bodega?; ¿quién habla de mi vino? y ¿cuáles son mis mercados para exportación?... Ah, y una importantísima: ¿tienen los chinos sacacorchos en casa?».* Como veis, lo que nos cuenta Pablo Baquera tiene que ver con la gestión del uso de los que producimos; por lo tanto, hay que pensar en esa gestión uno a uno, pensar de otra manera. Pensar diferente es trabajar la conexión con el cliente.

Las preguntas nos ayudan siempre a reflexionar. Podemos empezar por las que nos definen: *¿quién soy?* No es una mala idea. Y no se trata en absoluto de una pregunta: debemos saber lo que es cuantificable en torno a nuestro producto o servicio de tal modo que podamos adquirir plena conciencia de sus posibilidades. Esto lleva su tiempo. La segunda pregunta es: *¿quién quiero ser?* Quizá sea ahora el momento de dejarse llevar por las ilusiones para luego exponerlas con cordura y planificación estratégica. Visualizar la misión de nuestra marca en el mercado nos ayudará a configurarla, a dotarla de sentido. Ahora llegamos a la tercera cuestión: *¿qué puedo ser?* Aquí nos topamos con la autocrítica del paso anterior, esto es, las limitaciones, las barreras en torno a los conocimientos y la capacidad económica que tengamos.

Apliquemos también el factor tiempo y delimitemos las posibilidades por etapas, siempre es bueno separarlas. La cuarta sería: *¿cómo quiero que me vean los clientes?* Posiblemente no exista mejor manera de comenzar a responderla que determinar una frase, un adjetivo o valoración que nos gustaría que se utilizase por parte de nuestro *target* para referirse a nuestra marca, un pensamiento real en la mente de las personas que entran en contacto con ella. La siguiente y continua pregunta es: *¿cómo me ven?*

Ya estás en marcha. Aprendamos de las críticas. Escuchemos las respuestas, aunque no siempre sean agradables. Pero esto es solo el principio.

También, a modo de ejercicio, algunas de las preguntas que como empresas nos deberíamos hacer y que nos ayudarán a saber dónde estamos en lo que a CE se refiere son: ¿Te has planteado...

- Si conoces a tus clientes, sus necesidades, sus problemas, sus preferencias?
- Si practicas la escucha activa y actúas en consecuencia?
- Si intentas resolver los problemas o prevenirlos?
- Cómo de proactivo eres abordando los problemas de tus clientes?
- Si piensas en modo servicio, relación, fidelización o en modo transacción?
- Cuánto se valora la experiencia del cliente cuando utilizan uno de tus servicios?
- Si colaboras con otras áreas de tu organización en beneficio del cliente?

Nuestros clientes no nos piden nada que no nos hayan pedido en el pasado. Ellos quieren que les ayudemos a resolver sus problemas y no a cumplir nuestros procedimientos. Esperan que los entendamos, que nos pongamos en su lugar.

Esperan que seamos simples, accesibles, y probablemente querrán ser autónomos. Querrán ayuda personal y asesoramiento cuando el tema sea complejo o no lo hayan podido resolver por sus propios medios. A modo de resumen, quieren un #BSDB (buen sabor de boca).

El futuro está, sobre todo, en hacerse preguntas.

CAPÍTULO SEGUNDO.
EL PODER DE LA PIZZA

EL CLIENTE INTERNO

No nos apuremos en descubrir el significado del «poder de la pizza». Todo irá cuadrando y la intriga forma parte de la reflexión. Adelante.

Cuando nos queremos adentrar en un viaje al futuro más vale conocer a nuestros compañeros de viaje. Eso es lo que toca ahora. Dice Richard Branson, fundador del grupo Virgin con más de 360 empresas: *«Los clientes no son los primeros, lo primero son los empleados. Si cuidas de tus empleados ellos cuidarán de tus clientes».* Y nosotros lo suscribimos. También lo dijo Walt Disney: *«Se necesita gente para hacer realidad los sueños».* Trabajar la dimensión del empleado, al que podemos llamar «el cliente interno», como parte de este ecosistema experiencial abierto, del que hablábamos en el capítulo anterior, nunca fue tan importante.

Los estudios y tesis, por miles vienen a corroborar que hay una relación directa entre la satisfacción de nuestros clientes y el clima laboral de nuestras organizaciones. Esto no solo va de marca, de estrategia, de cultura... esto va de que todas las partes de una compañía que trabajan juntas vayan en la misma dirección. Si utilizamos el conocimiento de Zygmund Bauman recogido en su libro *Vida de consumo*, que analiza a los individuos como promotores del producto, entenderemos que los clientes internos son al final lo fundamental, el propio producto.

Karl Albrecht, en su libro *Cliente interno,* dice: «*Si desea que las cosas funcionen afuera, lo primero que debemos hacer es que funcionen dentro*». Nunca los departamentos de Recursos Humanos tuvieron tanta responsabilidad: trabajar en que las personas se impliquen buscando que se produzca ese encaje mágico con el cliente, trabajar, entre otras cosas, el sentido de pertenencia, que todos sientan la organización como suya.

Y es que la implicación y el sentido de pertenencia tienen un impacto directo en la experiencia cliente. Un empleado feliz (si no feliz, digamos comprometido) es más productivo y eficiente. Un cliente interno que siente que la empresa es suya pone a disposición de la misma ese plus que todos escondemos y que solo sacamos en momentos gratos. Su motivación y compromiso generan un círculo virtuoso que hace que las cosas sucedan en la buena dirección. ¿Quién no se ha visto en alguna situación en la que sin tener clara una intención de compra acaba realizándola gracias a la persona amable, servil e implicada que le atendió? O, al contrario, ¿quién no ha abortado una compra cuando es atendido por una persona antipática o con cara de estar pasando el rato deseando que llegue la hora de irse?

No es posible transmitir al cliente una experiencia que no se está viviendo dentro de la empresa y de la que no son partícipes todos sus miembros. Pero, ¿qué fue antes, el huevo o la gallina? ¿Qué se debe trabajar antes, al empleado o al cliente? Para nosotros está claro: empleados primero, clientes después, siempre en un marco que busque trabajar «experiencias espejo».

Un camarero que no ha probado un plato no puede trasmitir la emoción del gusto, más aún cuando la carta es extensa y las oportunidades de un cliente no son pocas; las recomendaciones son especialmente bien recibidas. Hay una frase sencilla y mágica que refuerza la sensación de una velada agradable cuando se ha hecho el pedido del menú: *«buena elección»*. Cuando la decisión está tomada, el refuerzo empático es fundamental para el disfrute. A veces se nos olvida que una de las funciones de la atención al cliente es la de confirmar una decisión tomada; *«bien hecho, buena decisión, buena compra»*. Por eso, de la misma forma que las organizaciones no quieren clientes solo satisfechos sino fidelizados, de puertas para dentro el objetivo debe ser conseguir empleados capaces de interiorizar un compromiso con la empresa, mejor dicho, con el producto o servicio que comercializa la empresa.

En una famosa alegoría, Julio Cortázar escribe: *«Piensa en esto: cuando te regalan un reloj, no te dan solamente el reloj —esperamos que te dure porque es de buena marca—, te regalan un nuevo pedazo frágil y precario de ti mismo, algo que es tuyo, pero no es tu cuerpo. Te regalan la obligación de darle cuerda para que siga siendo un reloj. Te regalan el miedo de perderlo, de que te lo roben. Te regalan su marca, y la seguridad de que es una marca mejor que las otras, te regalan la tendencia de comparar tu reloj con los demás relojes. No te regalan un reloj; tú eres el regalado, a ti te ofrecen para el cumpleaños del reloj»*. Este cambio fantástico de punto de vista es perfectamente aplicable a las empresas que han visto cómo sus empleados han pasado de fabricar relojes a poseerlos, y que están asumiendo la consideración de los empleados del futuro como «consumidores que producen» y no, como hasta ahora, de «productores que consumen». Solo entendamos que la vida de un productor es normativa mientras que la de un consumidor es de exigencia de las normativas.

Nuestro empleado es un «exigidor» de normativas y, por lo tanto, sabe de la exigencia que requiere el propio producto que fábrica o el servicio que ofrece. Si leemos despacio, nos daremos cuenta de que es aquí donde el cliente interno nos puede dar su mejor versión acerca de la exigencia de ese control normativo. Nos definimos por los productos, las marcas y los servicios que consumimos, y en esa exigencia de control de lo que consumimos y de lo que producimos para otros.

Recuerda Raquel las conversaciones con su jefe en la época de preparación de presupuestos, y que todos hemos vivido, y a este haciéndole la misma aseveración cada año: *«Raquel, incorpora más comerciales en tu equipo de Ventas para incrementar nuestra cifra de ventas»*. Su respuesta fue la misma durante nueve años: *«No, prefiero incorporar personas en otros departamentos que tengan un impacto directo en la satisfacción de nuestro cliente: Implantación, Soporte técnico... Busquemos hacer de nuestros clientes nuestros mejores comerciales»*. Y así lo hice y no me arrepiento. Los resultados ahí están.

JACK, «EL HONESTO»

«Nunca castigues a un empleado por ser honesto: los empleados honestos te dicen lo que necesitas oír, no lo que quieres oír». Así lo describe Oleg Vishnepolsky, el CTO of Daily Mail Online, con una fábula moderna: *«Jack ha sido despedido por decirle a su jefe lo que este no quería oír, la verdad. La última gota que colmó el vaso fue cuando uno de los compañeros de trabajo de Jack cometió un error fatal, y Jack sugirió cambiar el proceso para que esos errores se atenuasen u ocurriesen con menor probabilidad. Desafortunadamente, ese proceso había sido creado por el jefe y el jefe no quería asumir ninguna responsabilidad. Jack era un típico empleado leal y comprometido, de aquellos que sienten la empresa como suya»*. Oleg, con este sencillo caso real nos pone en la tesitura de reflexionar sobre los comporta-

mientos y relaciones que se establecen de manera jerárquica e individualmente en una compañía.

Para Oleg, a Jack «*le importaba el éxito del equipo, del jefe, y el suyo propio; le decía a su jefe lo que este necesitaba oír; nunca estuvo en desacuerdo con su jefe en público y apoyó las decisiones de él públicamente; trabajaba duro y era digno de total confianza. En Nueva York, donde todo esto ocurrió, el empleo es totalmente voluntario. Así que echar a Jack fue muy fácil*». En la tercera parte de la exposición el autor hace hincapié en la visión del jefe de Jack: «*Lidiar con las consecuencias es difícil incluso para un líder fuerte. Para un jefe débil, como el de Jack, fue imposible. Empleados del círculo de Jack, igualmente leales, quedaron consternados por este despido y dejaron la compañía en pocos meses. El conocimiento crítico de los sistemas y procesos implantados no era reemplazable. El jefe tuvo que dejar la compañía poco después*». Toda fábula que se preste acaba con su moraleja y, si son americanos los que escriben, son muchas las conclusiones: «*la crítica leal es una verdadera bendición; la lealtad se basa en la honestidad y la confianza; los empleados leales son piedras preciosas, no escalones. Esto nos debe hacer reflexionar como empresas, como líderes, como personas que gestionamos personas, sean estos empleados o clientes*».

La gestión del conocimiento humano, del cliente interno en cada compañía, está sufriendo una modificación fundamental en su origen y se está situando en el futuro: en las nuevas herramientas tecnológicas. Estas herramientas posibilitan la llegada de una inteligencia colectiva de rápida implementación cuya definición sigue siendo la misma, pero cuyas posibilidades y profundidad van más allá de lo nunca visto. Este conocimiento ya no está circunscrito a una materia, a un colectivo, a un país, a un idioma. Como sabemos, los vectores principales de esta inteligencia colectiva son

Internet, el *big data*, su almacenamiento, su explotación, su análisis y las redes sociales y sus efectos, que parece que van a perdurar. El cambio de paradigma es tal que ya estamos pensando, a veces sin darnos cuenta, en un nuevo tipo de gestión empresarial 2.0 o colaborativa, sin duda no tan estratificada, pero absolutamente compartimentada.

Son muchas las empresas que han comenzado este proceso de manera consciente. Incluso algunos países como Japón utilizan este concepto como herramienta de superioridad tecnológica y ventaja competitiva desde hace ya tiempo. Ellos ya viven en la gestión empresarial 2.0 de una manera consciente. ¿Un nuevo concepto? ¿Otro concepto caduco? Os dejamos decidir la respuesta, pero una cosa está clara: hay que compaginar la mente de los «Jacks» de este mundo y la dificultad de gestionar la honestidad, la extracción del conocimiento de la mente humana. Este ha sido, es y será, uno de los principales problemas en la formalización de las relaciones con los empleados: el paso del conocimiento tácito al conocimiento explícito con la velocidad de transmisión de la información y la voluntad de reciprocidad inherente a las redes sociales. Todo un reto en el que necesitamos a Jack.

Y es en esta honestidad del conocimiento de esta nueva forma de gestión empresarial donde encontramos la clave, porque ya no es necesario almacenar mucho conocimiento interno y gastar tiempo y recursos en generar repositorios. En el ámbito del empleado interno en el futuro el *quid* de la cuestión estará en nuestra capacidad de permitir una comunicación, un lenguaje sencillo en la adquisición de ese conocimiento necesario en el momento en que se necesite a través de las relaciones que se hayan trabajado. Las redes sociales internas —tema todavía por explorar— serán una de las grandes herramientas para facilitar el trabajo y la comunicación interna. Las redes sociales son una solución fantástica si se trabajan desde una óptica de inteligencia colectiva y su *net-*

working es concebido como trabajo en red y no como una forma de agradar al propio ego. ¿Por qué se tienen muchos contactos en LinkedIn? ¿Para qué leerse el informe de un experto si podemos hablar con el experto que lo ha escrito para el tema que nos ocupa? ¡Solo tenemos que dar con dicho experto! Busca a Jack «El honesto».

COMER UNE

Ha llegado el momento de las explicaciones. Si quieres conocer a alguien, come con él. No sabemos si es una sentencia del refranero popular, pero es verdad.

Cuando nos planteamos este capítulo, a los dos nos vinieron a la memoria momentos en nuestra vida profesional donde habíamos trabajado el factor empleado en nuestras empresas, de una forma adecuada y positiva, comiendo. Llámese desayuno de trabajo, cena de Navidad o reunión de *staff;* un día a la semana, estas reuniones más informales alrededor de la mesa son importantísimas para el futuro de las empresas. Los dos coincidimos en que son los mejores recuerdos, ese día en el que la empresa invitaba. Ahí estábamos, todos sentados alrededor de la mesa de la sala de reuniones con unas cajas de cartón achatadas y humeantes. No importaba que estuviésemos apiñados; esperábamos de manera agradable ese momento de compartir. Empezamos con pizzas, cuando nos cansamos de las pizzas, alternábamos con comida china, o las ensaladas cuando se acercaba el verano, por eso de contribuir a la «operación bikini». ¡Qué forma más sencilla y barata de crear un entorno distendido en el que olvidar las tensiones, los malos ratos, y cargar pilas buscando que salga lo mejor de nosotros! Definitivamente, los empleados satisfechos son un gran negocio y la pizza sigue siendo una invitación barata.

Sentarse a reflexionar es la manera más adecuada de prever el futuro, y los empleados son –cuando quieren y les dejamos (nos dejan)– grandes pensadores. Que quieran no siempre está en nuestras manos, pero la segunda premisa, que les dejemos (nos dejen), eso sí está de nuestra parte.

Estamos viviendo en la era del empoderamiento del empleado, en el uso de su talento y su compromiso. Un talento colectivo que se adapta cada día, como lo hace Google con sus *doodles* diarios, al estilo de la famosa cita de Groucho Marx: *«Estos son mis principios, pero si no le gustan tengo otros»*. Muchos deben ser nuestros principios, uno por cada empleado. Un compromiso, en el entorno laboral, no solo alcanzado por la remuneración económica. La frase *«El trabajo no es un sitio al que vas, es algo que haces»* es tan cierta como que en los trabajos de servicios con medición de objetivos y resultados ya podemos desarrollar un 80% de nuestro trabajo desde nuestra casa; tan posible como que la persona que nos atiende a las nueve de la mañana en una línea de teléfono para solucionar un problema con nuestro servicio se encuentre en otro continente bajo la luz de la luna por el cambio horario, y si nos apuran, con un abrigo colgado en el perchero mientras en nuestra ciudad es pleno verano. Hemos dicho el 80% de nuestro trabajo es en casa... ¿Y el otro 20%? Seguramente es comer pizza con los demás compañeros de trabajo.

UN MUNDO REUNIDO

Realmente, si no tienes reuniones parece que no tienes trabajo. Tenemos la sensación de que solo trabajamos cuando estamos reunidos. El libro de Casey McDaniel *Reuniones que matan* es una entretenida parábola sobre el entorno de trabajo ejecutivo, donde un director y su equipo no hacen más que estar de reunión en reunión, convirtiendo esta dinámica en algo terrorífico para todos. Irónico y muy esclarecedor.

Las reuniones se han convertido en la dinámica más importante del trabajo moderno. Tenemos agendas llenas de reuniones, muchas solo identificadas con una hora y un nombre. En muchas de ellas juega un papel importante el componente emocional. Las más peligrosas son las de los lunes, o las de después de unas vacaciones, donde parte de la charla inicial se va en rememorar las experiencias vividas. Las reuniones tienen que tener lo que se ha dado en llamar «diagrama de flujo para canalizar las decisiones». Si no, no sirven.

¿Realmente necesitamos reunirnos? ¿Quién no ha vivido una dolorosa reunión multitudinaria donde la mayoría de las intervenciones solo le importan a uno o dos del grupo? O esas reuniones donde lo único que se consigue es reforzar el ego de un directivo.

En muchas empresas norteamericanas, las reuniones de estado se han suprimido por completo, al igual que las informativas internas. Se viene aprendido de casa y sin sorpresas. A las reuniones se van a tomar decisiones conjuntas, a dar un punto de vista o a presentar algo que puede requerir explicaciones u objeciones, nada más. Las otras reuniones son para comer. En Los Ángeles, por ejemplo, cada día tenemos reuniones telefónicas, por Skype o en directo, y todas están marcadas por una hora de comienzo, una hora de cierre, objetivos y decisiones que tomar en ese tiempo; incluso en muchas tenemos marcado nuestro tiempo de intervención si es necesario. ¡Ah, y si te vas a servir un café, llega cinco minutos antes! Nadie puede osar convocar una reunión sin haber enviado la documentación y sin plantear las decisiones a tomar. Nadie.

LA CULTURA DEL TALENTO

Si la cultura de una empresa está definida por el conjunto de formas de actuar, de sentir y de pensar que tienen los miembros de una organización, este conjunto de valores, personalidad y necesidades son los que identifican a las empresas ante los clientes, proveedores y ante sí mismas. Por lo tanto, cómo actúe, sienta y piense cada cliente interno afecta proporcionalmente al conjunto. Es como el manido «efecto mariposa».

Sin embargo, el talento es solo un proceso, con mil variables, pero un proceso. Un proceso que forma parte de la cultura de las empresas. Y no siempre existe este proceso. David Watkins acuñó este concepto hace veinte años para la empresa Softscape. ¿En qué consiste? En la compleja tarea de descubrir que hay que destacar y promover en los clientes internos que ayude al desarrollo de la empresa.

El cliente interno ideal se distingue por su capacidad para hacernos sentir bien de inmediato cuando habla de su empresa. Su actitud y el uso de su talento nos hace sentir automáticamente especiales e importantes; nos involucra y nos hace partícipes en la misma. Esa actitud transmite seguridad, confianza y tranquilidad, los tres valores más cotizados por las empresas indistintamente del sector en el que operen. Parece razonable pensar que la actividad y el tamaño de cada empresa marcan en gran medida los objetivos del modelo de gestión del talento. Y parece igualmente razonable pensar que en las pequeñas empresas es más fácil establecer una cultura que fomente este descubrimiento.

Somos absolutamente conscientes de que las necesidades de gestión del talento de una empresa de no más de cincuenta empleados que opera en un nicho de mercado son muy diferentes a las que pueda tener una empresa con cientos o miles de empleados. Una anécdota vivida en primera persona fue cuando una empresa de seguros norteamericana en la que trabajó José Miguel intentó generar una buena gestión del talento interno. Datos: compañía de 4.000 empleados, enfocados en un 70% al mercado hispano, con un 80% de los empleados de origen latino, pero con un *staff* directivo de alrededor de veinte personas, con solo cinco de origen hispano. Ciertamente la empresa no estaba buscando talento dentro y, si lo hacía, estaba mirando un proceso diferente.

El capital humano forma parte de nuestro inventario de activos intangibles. Nunca fue tan importante proteger los activos intangibles de nuestras organizaciones. Así lo deja constar en su perfil de LinkedIn Raquel: *«Convencida de la importancia de la retención del talento en las empresas, deberíamos aspirar a hacer una gestión que nos llevase a valores de rotación inferiores al 5%. Si algún CEO dice que una tasa de rotación de más del 5% anual es aceptable, en mi opinión esa persona no debería ser CEO. Rechazo la tendencia actual de decir que 'es normal que los millennials cambien de trabajo cada dos años'. Si alguien cambia de trabajo cada dos años es porque su empresa no ha hecho lo suficiente para mantenerlo. Durante mis nueve años como consejera delegada y presidente de Altitude España, he logrado un aumento de los ingresos brutos de 1,8M de € a 7M de €; la clave ha sido basar la estrategia en la retención de clientes y hacer de estos los mejores embajadores de Altitude. He utilizado esta misma estrategia con mi equipo (el 'cliente interno'), centrándome en generar un auténtico sentido de pertenencia en un sector que no es nada 'sexy'; nuestra tasa de rotación ha sido del 0% durante quince años».*

Parafraseando a Wittgenstein, *«el mundo es lo que hace al caso»*, como la realidad, repleta de seres, objetos, lugares, aconteceres, transacciones, imágenes, palabras, emociones y pensamientos. De hecho, la realidad en la que vivimos es líquida, como lo es la cultura de las empresas. Siempre lo ha sido, incluso cuando nadie hablaba de talento y de cultura, evidentemente mucho antes de la famosa metáfora para determinar nuestro mundo impreciso, indeciso, convulso, cambiante y adaptable.

Claro que existen técnicas para encauzar esa cultura del talento, y casi todos estos métodos están fundamentados en la observación y la reflexión, pero para generar talento necesitamos el conocimiento de los empleados. El proceso de descubrir debe mirar siempre al conjunto de los empleados y a cada individuo de frente, pero por el rabillo del ojo a los que forman parte de las nuevas empresas que se están generando. Ese escrutinio exterior nos dice que el valor curricular profesional está pesando menos que el *background*, importantísimo para cualquier profesional y, por extensión, para cualquier empresa. Es importante dónde has trabajado, pero más importante es lo que has vivido y lo que quieres hacer. Cada vez más los currículos están siendo líquidos, más biográficos y emocionales. Cada empleado tiene que aportar muchísimo más que sus conocimientos estrictamente académicos y laborales, ya que la educación es necesaria, pero al fin y al cabo viene impuesta. En el aprendizaje o en el autoaprendizaje, por el contrario, hay un deseo explícito de conocimiento.

Tenemos que ser conscientes de un hecho: realidad y futuro no están reñidos En la mayoría de las organizaciones, el nivel de compromiso de los empleados es muy bajo. Lo sabemos. Una de las principales preocupaciones de los departamentos de Recursos Humanos de las organizaciones es aumentar el compromiso de los empleados, y por buenas razones. El compromiso está en declive en todo el planeta, y eso supone problemas para los líderes empresariales de todo el mundo. Un estudio reciente realizado por Aon Hewitt (consultora especializada en la gestión de talento) ha revelado que el nivel de participación de los empleados ha caído por primera vez desde 2012. El informe *Tendencias* del 2017, que cubría a más de cinco millones de empleados en más de 1.000 organizaciones de todo el mundo, mostró que menos de un cuarto de los empleados está altamente comprometido y el 39% está moderadamente comprometido. En un solo año, el compromiso global de los empleados cayó de 65% en 2015 a 63% en 2016.

Ya lo decía Bill Gates, cofundador de Microsoft: *«lo mejor mejora con las personas adecuadas»*. Los efectos de la transformación digital sobre los modelos de explotación y negocio son bien conocidos, pero su impacto sobre los trabajadores podría ser el talón de Aquiles de las organizaciones que se esfuerzan por ser digitales. La clave está en el establecimiento dentro de la cultura de la empresa de un proceso que permita que el talento brille. Según un estudio global de Accenture Strategy, el 82% de los líderes empresariales creen que sus organizaciones se convertirán en negocios digitales en los próximos tres años. Pero si quieren aprovechar todas las ventajas que esperan conseguir con el proceso tendrán que dar prioridad al talento de sus trabajadores.

LA PARADOJA DISNEY

Seguramente no sabemos quiénes son Mary Blair, Ollie Johnston o Frank Thomas, pero sus dibujos de *Peter Pan, Pinocho* o *La cenicienta* forman parte del imaginario colectivo de todos nosotros. Todo este talento tiene una firma común: Walt Disney.

Cuando hablamos del cliente interno que aporta talento, trabajar el sentido de pertenencia es muy importante. Ver la firma de uno desaparecida es muy duro, aunque en los títulos de crédito tenga una fama efímera de unos segundos. La paradoja es eso, algo contrario a la lógica. Creo y quiero ser reconocido por mi creación, por mi trabajo. Solo el productor de una gran chapuza puede tener deseos de permanecer en el anonimato con la esperanza de hacerlo mejor la próxima vez. Si no es así, si lo que se busca es el reconocimiento, un mundo que no reconozca el talento puede suponer una caja de sorpresas, que no siempre serían agradables. Las marcas son juzgadas por el cliente que elige, premia o castiga con sus decisiones; las empresas que crean marcas son juzgadas en primer lugar por sus empleados, por sus distintos proveedores y, cuando hacemos a todos estos invisibles, estamos coartando su talento futuro. La sociedad líquida plantea cambios y los cambios suponen oportunidades para hacer visible al cliente interior.

Si el empleado no siente la organización para la que trabaja como suya, no podrá ceder lo mejor de su talento a la misma. Se guardará lo mejor. En este sentido, nos vienen a la memoria los *hidden champions* (campeones ocultos). ¿Qué son los «*hidden champions*»? El término alude a empresas relativamente pequeñas (algunas más grandes de lo que podemos imaginar), pero de gran éxito, que se ocultan detrás de una cortina de discreción, invisibilidad y, a veces, secretismo. El término «campeones ocultos» fue acuñado por el germano Hermann Simon en 1996. ¿Y por qué os contamos todo esto? Desde que escuchamos por primera vez hablar de este tipo de compañías, indagamos al respecto. Una característica que viene muy al caso es que este tipo de compañías trabaja fuertemente la dimensión empleado. Pero podemos entender esto desde dos perspectivas: la primera, al igual que en la película *Hidden figures,* donde se resalta el papel encubierto de las mujeres de raza negra que trabajaron en una NASA segregacionista en los años sesenta, y la otra en la dimensión oculta de un artista callejero como Banksy, que mantiene su anonimato como una manera de autodefensa y libertad en su expresión. Para el economista estadounidense

P. Kotler, especialista en marketing, los «campeones ocultos» tienen una serie de elementos en común que están relacionados con la gestión del talento: el trato adecuado, que sus empleados están bien pagados (claro, con respecto a la media del mercado), el sentido de pertenencia, su formación, hacer invisibles sus estructuras hasta que la situación lo requiera, y la proximidad al cliente.

Al respecto de este tema, nos viene a la mente el libro *Solo los paranoides sobreviven*, escrito por Andrew S. Grove en 1996, también justo después de la crisis del 1992. Este decía que el éxito de los negocios contiene la semilla de la propia destrucción. Cuanto más éxito tienes, más gente hay que quiere una tajada de tu negocio, y después otra y otra, hasta que no queda nada. Él decía que la principal responsabilidad de un gestor es cuidarse constantemente de los ataques de otros e inculcar una actitud vigilante en las personas que trabajan bajo su dirección. Nosotros, además de esa actitud vigilante a la que hace mención Grove, podríamos añadir, trabajar la confianza con las personas que están bajo su dirección. La confianza es la clave para sacar el verdadero talento de las personas; son ellas las que aportan el combustible que las empresas necesitan para generar pasiones hacia una marca.

CEREBROS DE OBRA

Aquellas organizaciones o empresas que no interioricen que lo que hoy necesitan no es mano de obra (término acuñado en la tercera Revolución Industrial) sino «cerebros de obra» (la creatividad, la innovación y el ingenio son características propias del cerebro humano), lo tendrán bien difícil. Tenemos que ser capaces de sacar lo mejor de las personas en beneficio del buen transcurrir de nuestros negocios. Dejemos el concepto «mano de obra» para los robots; que sean ellos los que realicen las tareas mecánicas y repetitivas. Huyamos de lo que en su día dijo Henry Ford: «*¡Qué desgracia, cuando lo que necesito es un par de manos, tengo que contratar a las personas que están detrás!*».

Pero los «cerebros de obra» de los que hablamos no son los que están preparados para responder solo con criterio y solvencia, sino los que tienen una sólida base que hace efectivo su talento, como ocurre con las improvisaciones de los intérpretes de jazz. El jazz es una buena metáfora. Para interpretar jazz se necesita dominar el instrumento y conocer profundamente la pieza musical que se toca, sobre todo su estructura, melodía y armonía, para lanzarse a una improvisación posterior. Al final, improvisar no es realmente improvisar; es reaccionar con criterio, aunque con incertidumbre. Esta es quizá la mejor definición para los «cerebros de obra».

La razón es un gran instrumento cuando tenemos toda la información y todo el tiempo para tomar una decisión, cosa que no ocurre nunca, por lo que el talento se convierte en una herramienta poderosa. Desde que nos levantamos exponemos a nuestra psique a sensaciones y nos enfrentamos e interpretamos la realidad, cada uno de manera diferente. Aquello que debería estar ahí, lo esperado, cambia cada día, y lo inesperado de nuestra cotidianidad laboral y social se abre camino. Nuestro cliente interno es un cerebro de obra cuando es consciente y se enfrenta a la toma decisiones en cada momento, y no siempre existe la opción de postergarlas, de dejarlas para más adelante. La mano solo ejecuta las órdenes del cerebro. Solo. Pensemos ahora qué necesitamos en el futuro.

BE WATER MY FRIEND

Bruce Lee, con la famosa frase «*Be water my friend*», habla de la adaptabilidad inteligente al medio, y nos da la clave de esta metáfora que es lo que son las empresas líquidas. Hay que admitir que pertenecemos a una estructura social concreta con unas connotaciones precisas; connotaciones que, por supuesto, varían de una sociedad a otra, lo que nos permite poder superarlas y asumir que marcas de todo tipo se mueven por tuberías de diversas formas, tipologías, longitudes y diámetros a los que nos tenemos que adaptar. Por muy buena que sea una propuesta de compra para un cliente, en un mundo líquido la posibilidad de cambio continuo debe plantearse en todo momento como una opción permanentemente abierta.

Existe un hecho natural: la parábola de la rana hervida, que pedimos prestada al magnífico blog de Federico Gan, que también utiliza el especialista en bienestar Oliver Clerc y que creó Marty Rubin en su libro *The boiled frog syndrome*. Gan lo aplica a la gestión del cambio en las empresas. Nosotros lo aplicaremos a la fluidez de los clientes: «*Si ponemos una rana en una olla de agua hirviendo, inmediatamente intentará salir. Pero si ponemos la rana en agua a la temperatura ambiente y no la asustamos, se quedará tranquila. Cuando la temperatura se eleve de 21 a 26 grados, la rana no hará nada, e incluso parecerá pasarlo bien. A medida que la temperatura aumente, la rana estará cada vez más aturdida, y finalmente no estará en condiciones de salir de la olla. Aunque nada se lo impide, la rana se queda allí y se cocina. ¿Por qué? Porque su aparato interno para detectar amenazas a la supervivencia está preparado para cambios repentinos en el medioambiente, no para cambios lentos y graduales. Todo cambio es estresante por definición. Aun cuando sea bien recibido, todo cambio altera la estabilidad»*. Sencillo y magistral ejemplo.

Ser agua, pero ¿cómo? De lo que nos influye como empresa, ¿qué cosas podemos trabajar y de qué cosas solo podemos estar informados para tomar decisiones? En economía se han dado en llamar fuerzas directas o indirectas que influyen sobre la empresa. Las indirectas son aquellas que nos afectan y sobre las que no podemos influir, pero sí tener la información o asumir su marco normativo: legales, políticas, tecnología, socioeconómicos, socioculturales, ambientales, etc. Cambiantes, pero en diferentes grados. Y luego están las fuerzas directas, que ejercen presión natural sobre nosotros, como son el conjunto de los clientes, por su cantidad o calidad; los competidores, por sus cambios y su lucha por la cuota de mercado; los proveedores, por su capacidad de influencia en la calidad y el precio de nuestros productos; y claro está, los empleados, el cliente interno, por ser... nuestro primer recurso.

La capacidad y adaptación al cambio de los empleados merece, en este punto, otra reflexión. No es lo mismo pedirle a una persona que afronte un cambio impuesto por las circunstancias, tanto de fuerzas directas como indirectas, que pedírselo a través de una planificación estratégica en la que él ha sido partícipe o de la que ha estado informado. Sí, es cierto, nuestros recursos no son siempre óptimos para generar esta participación sino más bien escasos para afrontar una estrategia así, pero el recurso de la información siempre existe.

Hace algo más de veinte años, Henry Mintzberg, en su libro de la *Estructuración de las organizaciones,* entiende las empresas como un sistema de flujos sujetos a los entornos, y tipifica las características esenciales de estos en cuatro: la estabilidad, entendida como certidumbre y predictibilidad; la complejidad, cuando lo que hacemos es comprensible y lo que requerimos es sencillo o puede descomponerse en actividades sencillas; la hostilidad, tanto de la competencia como de la resistencia al cambio interno; y, por último, la diversidad, que está relacionada con la gama de productos y su distribución geográfica.

Va siendo hora de tomarse una pizza con los empleados y que de una manera sencilla nos ayuden a caminar hacia el futuro en busca de ese cliente que nos da sentido como empresa. El futuro nos aguarda... ¡Que la fuerza (aunque sea la de la *pizza)* nos acompañe!

CAPÍTULO TERCERO.
CLIENTES DEL FUTURO INMEDIATO

LOS MILLENNIALS NO SE LEEN LAS INSTRUCCIONES

La generación digital ya está aquí, son los nuevos clientes. Son la generación Y, los llamados *millennials,* una generación nacida entre 1979 y 1994 (no todos coinciden en la fecha de su nacimiento y para muchos expertos demográficos se sitúa en el año 1982). Ellos son diferentes y hay que conocerlos; son una realidad que se ha formado en un mundo de juegos y simuladores electrónicos, son la generación que abandonó el juego en la calle y se situó frente a una multitud de pantallas donde han descubierto un mundo distinto. Ni mejor, ni peor, diferente. Son clientes diferentes, son multitarea; casi nunca los verás enviando un mensaje de texto sin realizar otras tareas al mismo tiempo. Son clientes impacientes y con una enorme capacidad para probar cosas nuevas y, eso sí, son muy exigentes.

Estos nuevos clientes multitarea están conectados veinticuatro horas al día consigo mismos y entre sí, y no tienen pausa ningún día de la semana. Durante los últimos años, esta generación y su comportamiento están siendo objeto de investigación. Representan el futuro más cercano de los nuevos clientes y comprenderlos es fundamental en cualquier negocio. Por descontado, no todos en una generación se comportan igual pero debemos conocer esos patrones de conducta similares y así entender qué están buscando, y dónde y cuándo gastan su dinero.

Para entender a un *millennial* debemos comprender el término «satisfacción instantánea». Cuando en psicología se habla de la satisfacción instantánea, los argumentos suelen estar sustentados en unas actitudes exigentes y en los conocimientos de su entorno, pero sin mucha base en sus relaciones personales. Esto es, jóvenes educados en la exigencia del estudio, pero sin esta exigencia en sus relaciones afectivas. Muchas de estas relaciones se producen dentro de un entorno de comunicación virtual, sin necesidad de relaciones presenciales.

Los *millennials* son directos, a menudo hasta parecer maleducados. Un *millennial*, en general, se considera por encima de la media. Y, como se ha comentado con anterioridad, se les han exigido muchas horas de estudio y muchas actividades extraescolares programadas. Cursos de todo tipo pero sin cenas en familia cuando se acababa la actividad; quizá una bandeja con la cena y delante de la TV. Los *millennials* son prácticos y si se les ofrece un servicio que esperan que funcione.

Para ellos, no estar por encima es ser mediocre. Tienen mucha confianza, tal vez porque sus padres, *boomers,* constantemente les dijeron que tendrían éxito en lo que fuera que hicieran y les dieron todas las oportunidades para educarse. Por lo general, estos jóvenes, que se están incorporando ahora al mundo laboral, llevaban vidas más estructuradas que las de sus padres, que esperaban que todos sobresalieran y que con tener una buena educación era suficiente. Su influencia sobre las generaciones anteriores es notable y ellos marcan tendencia en todas las industrias, desde la moda hasta la comida. Y por no decir del mundo hipotecario: es una generación que ha visto el sufrimiento de sus padres para comprarse una casa y no quiere pasar por la misma presión. Las generaciones aprenden.

Estamos ante un cliente que exige procesos y servicios eficaces. Educados en el conocimiento, la meritocracia está por encima de la antigüedad. Ellos han visto cómo jóvenes con ideas y capacidad tecnológica se han impuesto económicamente a empresarios consolidados y llenos de canas.

Sin duda, la afinidad tecnológica es una de las constantes de esta generación y las actitudes *millennials* nos hacen poder prever el futuro. Podemos obtener información valiosa sobre las oportunidades del mañana y sobre sus formas de consumo y gasto. Esta generación nace entre ordenadores, teléfonos portátiles y *smartphones*. Los comportamientos milenarios típicos no solo difieren de manera significativa de la Generación X y de los *baby boomers*: conversaciones cortas que tienden a una conclusión rápida, dificultades en la contemplación sin una pantalla delante, o capacidad empática y adaptable a las situaciones. Muchos estudios resaltan adjetivos como calidez, razonamiento, audacia social y estabilidad emocional para definirlos.

Pensemos en un grupo de jóvenes en una franja de edad entre los dieciséis y los treinta y cuatro años, donde este cliente *millennial* es una realidad para las empresas. En Estados Unidos se habla de una población de ochenta millones de individuos y en el ámbito de la Europa comunitaria de más de cien millones. Sin duda las empresas están teniendo dificultades para conectarse con esta generación porque muchos de los métodos tradicionales de publicidad han demostrado ser ineficaces para captar su atención. Además, estas dificultades se incrementan en cuanto a la comprensión de las mismas por el hecho de que muchas empresas sustentan ciertas «habladurías» acerca de esta generación que son inexactas, como que los *millennials* no son leales a las marcas.

Boston Consulting Group, junto con Barkley y Service Management Group, encuestó a 4.000 *millennials* (de 16 a 34 años) y 1.000 no *millennials* (de 35 a 74 años) en los Estados Unidos. El objetivo clave de esta investigación era identificar cómo las conductas y las actitudes difieren entre los dos grupos, y determinar cuáles de esas diferencias son características verdaderamente generacionales de los *millennials*. Mientras que las percepciones de estos jóvenes sobre sí mismos son generalmente favorables, los que no son de esa generación tienden a verlos con menos amabilidad, refiriéndose a ellos como «malcriados», «flojos», y «demasiado pendientes de sus derechos» como clientes y como ciudadanos. En el estudio de BCG se destaca que los *millennials* se consideran a sí mismos rápidos y adaptativos a las nuevas tecnologías y sus aplicaciones.

Ser los primeros, o los primeros en probar una nueva tecnología, es una de sus razones de ser, y por supuesto estar en posesión de un arsenal de dispositivos: móvil, social, PC, consolas y todo tipo de *gadgets*. Los *millennials* utilizan Internet como plataforma para transmitir sus pensamientos y experiencias y así contribuir con contenido generado por el conjunto de clientes y usuarios. Están involucrados en actividades para calificar productos y servicios y generar contenidos como vídeos o blogs. Tenemos que saber que esta generación se va a pasar la vida más conectada a Internet que con un libro impreso o mirando un canal de televisión.

María Eugenia Girón, directora del Observatorio Premium del IE, dice: «*Ya han llegado los 'millennials' al mundo del lujo y cada día son más importantes para las marcas*». Prosigue Girón recordando que esta generación «*tiene otras exigencias y exige a las empresas repensar sus propuestas y cómo poner en valor sus productos*». Por ejemplo, la compañía italiana Gucci, un clásico del sector, ya tiene a estos jóvenes como sus «principales clientes». «*Los millennials no le dan tanto valor a la etiqueta en sí misma y hay que llegar a ellos de otras maneras*», corrobora David Millán, profesor del IE y responsable del *IE Luxury Barometer,* puesto en marcha en colaboración con Mastercard.

«Lo quiero rápido, y lo quiero ahora». Hemos hablado de su sentido de la gratificación instantánea, pero vamos a ahondar un poco más en ello. Veamos algún ejemplo práctico de este asunto donde la velocidad, la facilidad, la eficiencia y la comodidad forman parte de sus comportamientos en el consumo. Los *millennials* compran sus comidas en tiendas de conveniencia dado que valoran esa inmediatez en el servicio. Frente a la mesa servida, los *foodtrucks* se hacen su hueco sobre la inmediatez. La valoración del servicio se realiza conforme a la velocidad en hacer el producto. La mensajería instantánea en lugar del correo electrónico se usará más a menudo para una asistencia más rápida y una respuesta más instantánea.

¿Cómo cumplir las expectativas de los clientes de esta generación? Las empresas deberán reconsiderar sus modelos existentes de servicio con estos jóvenes. Estos clientes siempre tienen prisa, y desde la empresa tenemos que tener esto en cuenta para determinar la relación «marca y cliente *millennial*» con el factor tiempo. La confianza que demuestran entre ellos para recomendarse es absoluta. *«Yo solo confío en mis amigos»* (término «amigo» ampliado y desnaturalizado por las redes sociales) y sienten desconfianza de lo que dicen las empresas de sí mismas. Entre ellos el «experto» es el que ha tenido una experiencia, no el que más sabe. El amigo cercano es el mayor experto si ha tenido esa experiencia. La recomendación es la base del inicio de una relación duradera para ellos. Ese aprovechamiento de la inteligencia colectiva se ha vuelto particularmente popular y con el alcance y la accesibilidad de las redes sociales la voz de esta generación se ha amplificado.

Un tema a destacar es que buscan la confirmación de que han tomado las decisiones correctas. Quizá esto da una pista para el tratamiento de la generación *millennial* como clientes. Ellos necesitan saber, no ya qué decisión tomar, sino algo más importante: necesitan saber que no se han equivocado en su decisión. Requieren una retroalimentación casi constante para saber cómo están progresando. El retraso en las respuestas, o esperar en la cola sin saber qué tiempo van a estar, choca con su deseo de velocidad y eficiencia.

La necesidad constante de estar comunicados hacen que consideren sus vidas ricas por este constante flujo de información. Más información tienes más importante eres. Volvemos a un tema que las sociedades potencian desde sus orígenes al considerar que la información y el poder son conceptos cercanos. ¿Cómo es la mente de un ser que está recibiendo información vía su teléfono todo el rato? La utilidad del potencial conjunto para la realización de compras tiene mucho sentido. Además, las empresas inteligentes están utilizando servicios de compras basados en la ubicación, como Foursquare y Shopkick, para capitalizar esta tendencia de generadores de demanda. Los *millennials* pueden ser el principal consumidor y los nativos del fenómeno «*the long tail*».

Chris Anderson, en su libro *The Long Tail,* dice: «*The long tail no es más que una elección continua e infinita; el resultado de una distribución abundante y de bajo coste es un cliente que tiende a un consumo constante*». La idea es que los sistemas de distribución más eficientes y baratos que proporciona Internet suprimiendo eslabones en la cadena están produciendo una gama mucho más amplia de productos y servicios cuya disponibilidad en el tiempo es rápida. Esta costumbre adquirida desde su nacimiento hace del *millennial* un ser que espera eso mismo en cada servicio: elegir siempre y muy rápido. No les des las cosas hechas, los *millennials* prefieren aprender haciendo. Ellos van a imponer su ritmo de juego de horarios y lugares para tenerlos donde y cuando estén listos. La flexibilidad del uso del tiempo para aprovechar mejor sus opciones hace que, por ejemplo, los consumos en tiendas abiertas 24 horas se estén disparando para esta generación, o los envíos de compras exprés en menos de dos horas. Ellos también esperan que las empresas y las instituciones les den más flexibilidad.

La experiencia de la personalización es una de las constantes de este nuevo cliente, que elige sus productos y servicios y espera que tengan la mayor cantidad de características de gusto individual para satisfacer sus necesidades, intereses y emociones cambiantes: elegir unas zapatillas con unos colores o un pañuelo personalizado, hasta el cambio de las melodías de llamadas del teléfono móvil para diferenciar quién llama por el tipo de timbre.

EL EFECTO WAW! (¡GUAU!)

Pensemos en experiencias ¡guau! Lo primero en que pienso es en Pilar, mi peluquera. Pilar es mi peluquera desde hace quince años, cuando me cambié de casa y nació mi primera hija.

Nunca he sido muy fan de las peluquerías; para mí eran como los actos religiosos: sabías cuándo entrabas, pero nunca a qué hora ibas a salir. Y, a mí, eso de no controlar el tiempo, lejos de relajarme me generaba cierta tensión. Además, el ambiente de chismorreo que por regla general se crea en las peluquerías no es nada de mi agrado. Vamos, que lo que para mucha gente puede ser un momento de descanso, para mí era todo lo contrario, con lo cual iba a la peluquería lo justo.

Conocí a Pilar gracias a una vecina. De hecho, la forma que tienes de llegar a ella es a través del boca a boca. Es ella y sus circunstancias; su modelo de negocio se basa en que nunca hay otra persona contigo en la peluquería. Te cita a una hora y cumple a rajatabla. En los quince años que llevo yendo a su peluquería nunca he tenido que esperar. El trato es excepcional, música de fondo, temperatura adecuada; de hecho, te recibe con una sonrisa y lo primero que te pregunta es si te molesta la música y si la temperatura es de tu agrado. El local no es lujoso, más bien básico y austero, pero ella, en ese afán de cuidar todos los detalles, es capaz de infundir un clima agradable y de confort.

Discreta y culta, interviene en la conversación siempre y cuando tú la invites a ello. El tiempo que tiene te lo dedica 100% a ti. Se esmera al máximo y siempre sales con esa sensación de que has recibido más de lo que esperabas. Detalles como regalarte el primer corte de pelo de tus hijas, acompañarte al coche si un día se ha puesto a llover y te ha pillado sin paraguas... en fin, toda una «experiencia ¡guau!».

A Pilar no le faltan clientes ni le van a faltar; tiene una clara vocación hacia el cliente y estos le caen del cielo.

Orientar una organización hacia el cliente significa mucho más que cambiar de logo, promover actividades de ocio o decorar tus oficinas de forma diferente...

La experiencia de cliente no es una opción. Hay que trabajarla sí o sí; de ello dependerá nuestra supervivencia como empresa. Para hacerlo hay que escuchar al cliente, y esto es un asunto que afecta a toda la organización, no solo al departamento de marketing o al comercial. Con el cliente hay que saber cumplir y sorprender. Hay que trabajar las emociones, porque importan y mucho si queremos crear el efecto «recuerdo positivo».

Como diría la escritora Maya Angelo, *«las personas olvidarán lo que dijiste y lo que hiciste, pero nunca olvidarán cómo las hiciste sentir»*.

Todos queremos impactos que sean efectivos y aviven el fuego de nuestro negocio. Trabajar impactos fuertes y memorables tiene una relación directa con el tema que abordamos en el capítulo anterior: trabajar la influencia buscando embajadores.

Es una realidad, y así lo corrobora un estudio realizado por la compañía Nielsen: «*un producto bien comunicado que toca la fibra sensible del consumidor puede vender hasta un 23% más que uno convencional que no llega a emocionar*». Pero, ¿cómo podemos llegar al corazón del consumidor?

El servicio de atención al cliente es la base y la columna vertebral de cualquier negocio. Sin clientes no hay negocio, ellos son nuestra razón de ser. Los llamados *call centers*, *contact centers* o centros de relaciones con clientes (CRC), que siempre fueron considerados en las empresas centros de costes, han ganado un nuevo *status quo*. En un mundo en el que el cliente decide cómo se quiere comunicar con las empresas, donde los canales no presenciales han tomado protagonismo, donde el tiempo real y la inmediatez son rabiosos, los CRC han pasado a ser la puerta de entrada de nuestras organizaciones, la imagen de marca. ¡Quién lo iba a decir! De ser los patitos feos a ser un pilar fundamental en la definición de cualquier estrategia orientada al cliente. Un servicio excepcional al cliente bien gestionado, además de ser la base, será también el corazón y el alma de cualquier organización.

Seguro que nos resulta familiar esta frase «*no te excedas en las promesas y supera las expectativas*». Proporcionar a nuestros clientes más de lo que esperan es muy eficaz en la creación de ese servicio excepcional al que cualquier empresa debe aspirar. Y es, precisamente aquí, donde hay que trabajar el «efecto ¡guau!» y este cobra sentido.

Pero, ¿qué es eso del «efecto ¡guau!»? ¿Existe una definición para el efecto ¡guau!? ¿Realmente lo necesitamos? ¿Por qué es importante? ¿Qué ocurre si no conseguimos ese efecto? Un significado válido que encontramos en Internet es el siguiente: «*¡Guau! indica admiración ante algo muy grande, muy bueno o muy bonito*». Como base, seguro que nos ayudará, pero no será suficiente. Una clara estrategia a este respecto será lo que diferencie a los líderes en atención al cliente de sus seguidores. Hacer cosas que no emocionan, que no se entienden... es una pérdida de dinero y energía; solo por eso merece la pena prestarle atención.

Después de más de quince años vinculado al mundo de las relaciones con clientes desde diferentes frentes, he llegado a la conclusión de que la atención al cliente es un arte. El arte es una manera de trabajar que conmueve, emociona y genera confianza. El arte obliga a que salga lo mejor de uno, su creatividad y su pasión.

Al igual que en el mundo del deporte, existen distintos niveles de competitividad; unos son los deportistas de élite y ganadores de medallas olímpicas, y otros los que practican un deporte por mera diversión o por mantenerse en forma. Para llegar a ser medallista olímpico se requiere mucho entrenamiento, constancia, dedicación y tener una cabeza muy bien amueblada.

Para buscar ese efecto ¡guau!, al que cualquier empresa debe aspirar, se requiere de compromiso, habilidades, técnicas, práctica, en definitiva, de ese arte al que hacemos mención y que como tal debe ser considerado. Señores, acabamos de crear una nueva disciplina en el campo del arte y del deporte ¿quieres ser medallista olímpico en atención al cliente? Practica el arte del ¡guau! y eleva la atención al cliente a otra dimensión: la que necesitas para jugar en este mundo globalizado y altamente competitivo.

Tenemos que ser capaces de llegar al corazón de nuestro cliente. Las emociones venden. Las emociones provocan un estado que aviva nuestros sentidos y hace que prestemos mayor atención a aquello que se nos presenta. Debemos enfocar todos nuestros esfuerzos de marca en campañas de marketing que generen experiencias y aporten valor al cliente potencial a través de las emociones.

Les invito a hacer un ejercicio. Mejor durante el fin de semana, que es cuando todos tenemos más opciones de jugar el rol de clientes. Anoten todas las experiencias que van teniendo como clientes y a última hora del domingo hagan una valoración de las mismas. ¿Cuántas experiencias ¡guau! han tenido? Ya se lo digo yo, ninguna. Desde que empecé a escribir este libro he venido haciendo este ejercicio y, desgraciadamente, ¡guau!, ¡guau!, ninguna, más bien ¡uaug! Y sí, ¡uaug! es justo lo contrario. Nuestra valoración final es que las empresas juegan a estar en el medio, y estando en el medio se entiende perfectamente por qué es cierta la máxima de «el cliente es infiel por naturaleza», ¿no?

¿AMENAZA U OPORTUNIDAD?

Claramente oportunidad. Muchas empresas han nacido y están siendo muy exitosas al aprovecharse de la brecha que existe en la calidad del servicio. El caso Gillette es uno, pero ¿acaso Airbnb no es otro? ¿y Uber? Me atrevo a decir que muchas de las empresas nuevas que aparecerán surgirán de negocios tradicionales en los que se resuelve la brecha calidad-servicio, robando cuota de mercado a su equivalente tradicional y, por ende, pasándole por la izquierda.

Volviendo a nuestro cliente y a la importancia de anticiparse al deseo, trabajar con la pirámide de Maslow puede ser de gran ayuda. Es una teoría psicológica propuesta por Abraham Maslow en su obra *Una teoría sobre la motivación humana* de 1943, que hoy en día sigue siendo más que válida. La jerarquía de necesidades que propone Maslow va desde lo tangible o básico a las necesidades más elevadas relacionadas con lo intangible. A medida que vamos subiendo en la jerarquía, nuestro valor como empresa se ve afectado positivamente pues conseguimos satisfacer necesidades más avanzadas de nuestro cliente. No hay receta común válida para todas las organizaciones; no nos podemos quedar aquí, en la dimensión/organización, deberíamos añadir la dimensión producto/servicio, e incluso la dimensión cliente (partiendo de una segmentación para llegar a la singularidad del individuo que debería ser el objetivo aspiracional de cualquier empresa, ese traje a medida que todos deseamos). Una buena receta para cualquier organización sería crear ese traje tomando como base lo anteriormente expuesto y usando estratégicamente sus recursos para escalar en la jerarquía de Maslow, buscando conocer y entender al cliente, comprender sus necesidades y darle respuesta conforme a un modelo de retroalimentación constante. Es decir, introduciendo dentro de nuestros procesos de venta, dentro de nuestros productos o servicios, acciones que sorprendan a nuestro cliente y que no sean habituales en las prácticas de nuestro sector. En definitiva, buscar exceder las expectativas de nuestros clientes trabajando el factor sorpresa.

O te diferencias en la propuesta o vas a precio, tú escoges. Lo que es un gran riesgo es quedarse en el medio. A este respecto, me viene a la mente Michael Porter. Él habla de las empresas «atrapadas en el medio», que son aquellas que se dejan llevar. No tienen una estrategia clara ni de precios ni de diferenciación, y normalmente por eso tienen niveles muy bajos de rentabilidad, por lo que sus probabilidades de subsistir son bajas. Por un lado están las empresas que venden gracias al precio, generando márgenes pequeños que contrarrestan con volumen, con economías de escala. Por otro lado, están las empresas que se decantan por la diferenciación, generando márgenes más altos, pero con una participación menor en el mercado. Llegar a estar «atrapados en el medio» nunca estuvo tan al alcance de la mano; no definirse a este respecto puede llevarnos al precipicio.

Sin querer ser alarmista, los datos que difunde el Colegio de Registradores ponen de manifiesto que durante 2016 España batió récord en cuanto a cierre de empresas, llegando a la cifra de 27.357, lo que supone 526 por semana. Si la media de apertura de empresas se sitúa en valores cercanos a 100.000, el dato no es despreciable: de cada cuatro empresas que se abren, una se cierra. Esta cifra es la más elevada que se conoce desde que se mide este indicador, representando un incremento de un 5,1%. En cifras absolutas se puede hablar de un total de 1.331 compañías más cerradas que en el ejercicio anterior. Según el Fondo Monetario Internacional, la baja productividad sigue siendo uno de los retos fundamentales a medio plazo. No podemos perder de vista que el panorama empresarial de nuestro país está dominado por la empresa pequeña.

Harvard revela que la diferenciación es cuatro veces más importante para el funcionamiento de una empresa que el propio producto o servicio que esta provee. Hablábamos de la diferenciación como aspecto clave para subsistir. Y es aquí donde una vez más cobra sentido que se debería trabajar el cliente buscando sorprenderlo, llegándole al corazón y anticipándose a sus deseos. Basar la estrategia en el precio es difícil para pequeñas empresas en este mundo globalizado. Quedarnos «atrapados en el medio» no es una opción.

EL CLIENTE DESEOSO

Al consumo sin freno se contrapone el consumo inteligente. Aunque obviamente están relacionados, es conveniente detenerse en el aspecto que desencadena el consumo: el deseo.

El afán de poseer es consustancial al ser humano, pero nunca como ahora la posibilidad de obtener bienes materiales y no materiales había sido tan alta. La sociedad del bienestar lo ha permitido, una sociedad a la que tenemos acceso después de un largo, intrincado y cruento camino de siglos. Bauman hace un profundo y despiadado análisis del mundo consumidor, no sin falta de razón, pero olvida la otra cara de la moneda: los muchos aspectos positivos del fenómeno del consumo, tanto materiales como psicológicos. También olvida los efectos autoinmunes y de defensa que la misma sociedad genera ante el consumo desbocado, de la que es actriz, víctima y beneficiaria. Su análisis es certero y riguroso pero parcial y adolece de una total ausencia de ironía.

Un análisis bien distinto es el que plasman en su libro *Freakconomics* Steven D. Levitt y Stephen J. Dubner, donde demuestran, a través de ejemplos prácticos y una sarcástica perspicacia, que la economía en el fondo representa el estudio de los incentivos: el modo en que las personas obtienen lo que desean, o necesitan, especialmente cuando otras personas desean o necesitan lo mismo.

Muchos autores han explorado y analizado el fenómeno consumista, pero tal vez el más destacado sea el filósofo francés Gilles Lipovetsky. En su libro fundamental y del que han partido sus principales preocupaciones e ideas, *La era del vacío,* analiza la sociedad postmoderna con una revisión de temas recurrentes como el consumo, el hiperindividualismo contemporáneo, la cultura de masas, el hedonismo, la moda y lo efímero, el culto al ocio, la cultura como mercancía, el ecologismo como disfraz y pose social, entre otras muchas cuestiones.

Lipovetsky desgrana los grandes conceptos que le han proporcionado su reputación intelectual: la destrucción de las estructuras colectivas de sentido, el hedonismo y el consumismo, las tensiones paradójicas en los individuos y en la sociedad civil, la seducción como forma de regulación social y el aumento de la consideración y prestigio ciudadano de los valores democráticos. En la *Felicidad paradójica,* una de sus siguientes obras, analiza la sociedad del hiperconsumo, que completa los temas desarrollados anteriormente en *El imperio de lo efímero,* con el análisis del fenómeno de la moda-deseo-consumo, lo que él denomina «del lujo sagrado al lujo democrático», y la consideración de que *«las marcas intentan crear una leyenda que sobreviva en el tiempo; las marcas de lujo intentan construir algo eterno».*

Y es que en la base del consumo efectivamente está el deseo, la pulsión de posesión, una pulsión que nos empuja sin remedio hacia un objeto, sea racional o irracional. El deseo puede ser causa de angustia, pero la ausencia de él también lo puede ser de felicidad. Filosóficamente, el deseo da sentido a la vida y es el motor de la superación. Sin deseo no hay inspiración, ni ambición, ni progreso. Según recoge Ferrater Mora en su *Diccionario filosófico,* desde el punto de vista psicológico el deseo se puede interpretar como la pulsión de la vida, la cual tiende a la creatividad. Esta fuerza inspiradora se contrapone con la pulsión de la muerte. En este sentido, existe una suerte de equilibrio entre ambas pulsiones. La angustia de la muerte podría originarse en el temor de no poder satisfacer el deseo, lo cual nos define como sujetos finitos.

Pero con frecuencia se olvida el aspecto gregario del deseo: un envase que se llena del líquido de los deseos de los demás, una corriente del comportamiento ajeno que nos arrastra a tener deseos que no están en nosotros. René Girard, en sus libros *Mentira romántica y Verdad novelesca y Shakespeare o los fuegos de la envidia,* lo define muy bien cuando en ellos rebate a Freud y la modernidad, la concepción corriente de la originalidad del deseo: *«El deseo nunca es primario, como lo supone el genio romántico que se alza sobre sí mismo desde la hondura prístina de su propio deseo. No, esa es la mentira romántica. La verdad novelesca de Shakespeare, Dostoievski o Balzac nos muestra que nuestro deseo siempre es una copia del deseo del prójimo, por mimético, gemelo rival. No quiero lo que quiero porque lo deseo, sino porque mi vecino lo desea. Si mi vecino o yo no reprimiéramos nuestro deseo y nos condujéramos a satisfacerlo, nos introduciríamos en una relación de reciprocidad negativa: al observar que mi vecino no renuncia al objeto de su deseo, espoleado a causa de mi deseo por el mismo objeto confirmo que, en efecto, vale la pena desear aquello, y la rivalidad desemboca en un conflicto mimético».* Vamos, incluso el ya conocido J.R.R. Tolkien nos hablaba del deseo en sus libros *El señor de los anillos* o *El hobbit;* ¿qué otra cosa puede ser, si no, el anillo único más que una alegoría del deseo transformado en avaricia? ¿No nos muestra el pobre Gollum cómo carcome y enloquece un deseo insatisfecho? *«Ellos nos lo robaron».*

Ateniéndonos pues a esta pulsión, tanto si es innata como mimética, y a esta sociedad opulenta, se puede afirmar que todo está al alcance del individuo, nada es imposible: «si quieres, puedes». Eso nos lleva al consumidor como ente responsable. El individuo, cuando consume, es parte responsable del proceso; el libre albedrío, base de nuestra libertad, nos proporciona siempre la opción de elegir, y en nuestros actos se incluye el uso responsable del consumo.

El espíritu hedonista desencadena demandas sociales e individuales de consumo que los productos y servicios satisfacen, de forma general o segmentada. Las nuevas formas de vida social interfieren y dirigen sus propias exigencias: familias tradicionales pero diferentes, *singles,* universitarios con dinero, familias de inmigrantes, hogares gays, familias monoparentales, tercera y cuarta edad, adolescentes, niños con decisión, etc.

Todo ello nos lleva a una segmentación muy fragmentada y personalizada, el proceso de personalización del que habla Lipovetsky: ya no hace falta, por ejemplo, que hablemos del *prime time* de un programa televisivo, sino del *my time:* cada miembro de la familia tiene su programa irrenunciable. Por tanto, el cliente del futuro ya no apela al deseo colectivo, sino a cada uno de nosotros, uno a uno.

El deseo canaliza la fluidez de la cualidad voluble del público, tanto individualmente como en grupo, y de las constantes propuestas de productos de gran consumo. El cliente va a elegir entre una innumerable oferta que ha de coincidir con su deseo, supuesto o creado; pero ya sabemos que no hay nada más frustrante que el deseo no satisfecho. La promesa que van a comprar no siempre coincide exactamente con la experiencia real. Puede existir un puente de percepción entre las expectativas creadas y la experiencia vivida, entre la promesa y la realidad. Cuando esto sucede, la experiencia no la tenemos con la marca, sino con simples envases transitorios, con utensilios, artefactos y acciones, con productos o servicios, una experiencia frustrada que corre directa y fluida remontando el caudal para concentrarse de nuevo en su fuente, el deseo.

El mundo cambia a gran velocidad. La prensa tradicional de pago compite con la llamada prensa gratuita digital, cuando no con su propia marca digital; antes se buscaba la opinión de un experto en las páginas de los periódicos para escoger un buen libro o una película; ahora los ciudadanos consultan blogs con este mismo fin. Ya nada está contenido, y, por decirlo de alguna forma, el agua se ha derramado del vaso saliendo de los cauces habituales para envolverlo todo y hacer de esto algo habitual.

EL CLIENTE CHINO NO TIENE SACACORCHOS

Hace unos años, un buen amigo nos contaba el fracaso de su sector, el vinícola, en la conquista de China. «*No tienen cultura del vino», «el factor precio está por encima del factor marca, no saben lo que es una denominación de origen»,* eran algunas de las frases que todavía recordamos de la conversación. Hace unos meses volvimos a sentarnos y nos aclaró: *«¿recordáis aquello que os conté del vino y los chinos? Lo hemos solucionado». «¿Cómo?». «Regalando sacacorchos y embotellando el vino con tapones de rosca».*

Ahora todos somos clientes chinos.

El mercado chino nos está enseñando que lo aprendido y la costumbre no sirven. Estamos viendo que los gustos y preferencias cambian continuamente y no están sujetas a factores socioeconómicos sino de influencia social. Estos son los vaivenes de los nuevos consumidores inconformistas no sujetos a normas sociales. El paseo para ir de compras no forma parte de sus hábitos y las tiendas físicas apenas les sirven para ver los objetos que luego comprarán por Internet. La experiencia de la compra en libertad, la comparación, y sin que un vendedor los guíe, produce mayor excitación. Las estadísticas nos avisan de que el mercado chino de clase media será en diez años superior al todopoderoso mercado norteamericano.

Las marcas clásicas y consolidadas no son suficientes para generar ese deseo; estamos ante una nueva tipología que exige mucho más que el simple logo, y la apuesta es la transformación de las tiendas en experiencias similares a las compras por Internet, con experiencias más fuertes, lo que se ha dado en llamar la «espectacularización de las tiendas», como vemos en las tiendas de Tesla, Nike o Apple, que rompen con los códigos de tienda al uso y se entregan al mundo del espectáculo en la música, la disposición de sus productos y sus vendedores.

NOS HACEMOS MAYORES

Todos envejecemos, no hay excepciones. En las próximas décadas, la gran generación nacida entre los años cincuenta y sesenta envejeceremos. Nos llaman *babyboomers* y nuestros números y comportamientos crearon nuevos mercados en los países ricos del mundo. Los departamentos de marketing de las compañías continúan obsesionados con la juventud de los nuevos consumidores, pero el hecho es que la mayoría de las empresas sigue viviendo de los consumidores con canas, a pesar de que no los ven como un grupo muy motivante para sus ventas. Eso es cierto. Incluso Harley Davidson, el fabricante de la moto legendaria, no puede escapar a los achaques de la edad. Lejos están los días de los jóvenes libres y salvajes: la edad media de sus clientes hoy es de 52 años.

En los países industrializados, los mayores de sesenta años ya representan el 20% de la población, en comparación a menos del 12% en 1950. Dentro de treinta años, en 2050, se espera que esa proporción aumente, en promedio, al 33%. Sin embargo y curiosamente, las empresas siguen gastando el 95% de sus presupuestos de marketing y publicidad en los menores de cincuenta años.

En España, las cifras son igualmente alarmantes. Si actualmente el 19% de la población es mayor de 65 años, en los próximos años, más del 25% de la población será mayor de 60 años. España es el segundo país con mayor esperanza de vida después de Japón (83 años). La Organización Mundial de la Salud nos lleva avisando de este hecho hace ya algunos años; nuestro modelo social es insostenible, tema inquietante y que como país nos debe preocupar.

Jean-Paul Tréguer, fundador de Senioragency International y autor del libro *50+ marketing*, dice: «*no hace mucho tiempo los ejecutivos de las compañías europeas se reían cuando trataba de convencerlos de que debían prestar más atención a los consumidores mayores. Ahora todo el mundo está hablando de ellos, pero nadie sabe qué hacer*».

La visión anticuada de que el mercado maduro está formado por viejos tacaños que no cambian de opinión está muy consolidada salvo para las farmacéuticas o las residencias de ancianos. Nunca los viejos han sido tan ricos y nunca han estado tan sanos como ahora. Sirva este dato de la consultora Senioragency International: «*Los mayores de cincuenta años poseen tres cuartas partes de todos los activos financieros y representan la mitad de todo el poder de gasto en los países desarrollados. Más de dos tercios de ellos son dueños de sus propios hogares, de los cuales tres cuartas partes ya tienen las hipotecas pagadas*». Pero es en este dato que se expone a continuación en el que debemos pensar más: «*En Estados Unidos, los mayores de cincuenta años controlan cuatro quintas partes del dinero invertido en asociaciones de ahorro y préstamo, y poseen dos tercios de todas las acciones bursátiles*».

Lo de la riqueza no deja lugar a dudas, pero las personas mayores también son más saludables que antes y tienen más tiempo para gastar su dinero. Desde la edad de jubilación hasta la defunción existe un promedio de quince a veinte años, frente a los cinco de los años sesenta. Realmente la medicina, los hábitos higiénicos y la nutrición están ayudando a este buen envejecimiento. Ya hay más de medio billón de personas mayores de sesenta y cinco años en el mundo y se estima que en el 2020 habrá casi 700 millones, casi el mismo número de ancianos que de niños. El aumento de la longevidad también verá un crecimiento significativo en el número de centenarios.

Estados Unidos está unos años por delante y ha desarrollado una mejor comprensión de los matices de la comercialización en este segmento sénior. El Centro de Estudios del Consumo en la Universidad de Georgia, por ejemplo, segmenta a los ancianos en cuatro grupos: «ermitaños sanos», «enfermos», «mimados saludables» y «recluidos frágiles».

Estamos en una sociedad en continuo cambio: cambio en las relaciones, retraso en las edades de compromiso, aumento de los periodos educativos y formativos. Muy destacable es la incorporación de la mujer en todas las estructuras del trabajo sin las garantías suficientes para la igualdad de oportunidades, además de la falta de medidas que ayuden a la conciliación de la vida familiar y laboral. Los bandazos económicos y sus crisis no ayudan a una estabilización de los índices de natalidad, que se ven aderezados por el agravamiento del desempleo y la base productiva y económica de la sociedad. Vivimos en sociedades opulentas pero envejecidas.

Hacerse mayor implica muchas cosas y está en nosotros verlo como un problema o una oportunidad. Cuando Ford Motor Company descubrió que las tasas de siniestralidad eran más altas en conductores mayores de 50, comenzó a buscar maneras de aumentar la seguridad de los ocupantes de los vehículos conducidos por estos conductores, incluyendo acciones para evitar choques o asistencia postchoque. Pero, ¿cómo pueden los ingenieros y los diseñadores entender y experimentar las limitaciones físicas que acompañan a la vejez? ¿Poniéndose en los zapatos de los mayores? ¿Cómo? ¿Haciéndoles partícipes del proyecto? ¿Por qué no?

Está demostrado que el estar ocioso en la etapa de jubilación acelera la aparición de enfermedades, con el consiguiente gasto social que esto conlleva. Trabajar en que nuestros mayores se mantengan activos, buscando minimizar el gasto social público y contribuyendo en la medida de lo posible al incremento del PIB, debería ser el objetivo de cualquier organización público o privada. En un mundo colaborativo como el actual, en el que la tendencia es trabajar por proyectos, ¿qué mejor forma de entender a este colectivo y trabajar las brechas existentes que contar con ellos y remunerarlos en consecuencia?

La sensorización *(wearables,* IoT) y las nuevas tecnologías aplicadas a los centros de relaciones con clientes nos abren un sinfín de oportunidades para dar respuesta a nuestro cliente sénior. Aparecerán nuevos modelos de *contact center* que cubrirán de forma sostenible muchas de estas necesidades. Podremos hacer llegar fácilmente la salud a casa, trabajar la anticipación y retrasar la evolución de ciertas enfermedades. La sensorización que mencionábamos nos permitirá monitorizar infinitud de parámetros, sean estos corporales o del medio en el que nos movemos (ritmo cardíaco, azúcar en sangre, temperatura de la habitación, etc.), que desencadenarán acciones como la llamada de un especialista sanitario, una ambulancia, una sesión de vídeo... simulando ese hospital en casa tan necesario.

La voz y trabajar la sensación de cercanía (vídeo) con este colectivo serán de vital importancia. Habrá servicios que se presten a la automatización, pero en lo que a este segmento de población se refiere, la «última milla», en el mejor de los casos seguirá siendo la voz a través de canales remotos, y en el peor se necesitará la presencia.

Recuerdo una ocasión en la que abordamos un proyecto orientado a controlar el estado de los mayores en el período de verano. Se preveían temperaturas muy altas y nuestro cliente decidió lanzar una campaña a la que llamamos «ola de calor». Estimamos que treinta posiciones de atención serían suficientes para cubrir la demanda que había hasta entonces. Nos basamos en el hecho de que, para decir *«Hola, buenos días/buenas tardes. ¿Se encuentra usted bien? Sí, perfecto. Todo en orden»,* un minuto por llamada sería suficiente. Pues nos equivocamos. El minuto se convirtió en llamadas de entre quince y veinte minutos... Nuestros seniores tenían una necesidad básica que intentaron cubrir con este servicio: hablar.

¿Os imagináis personas sénior detrás de un servicio de atención al cliente? Haciendo referencia a esa segmentación que hace la Universidad de Georgia, los «ermitaños sanos» y los «mimados saludables» pueden realizar actividades, y en muchos casos quieren seguir siendo productivos. Los perfiles han cambiado y están en constante evolución. ¿Quién mejor que ellos para entender a sus iguales? Desde casa, unas horas por día... Está demostrado que, cuando entre dos interlocutores hay características comunes, la comunicación fluye y el efecto ¡guau! se produce con mayor facilidad.

Sea como fuere, para las empresas una sociedad envejecida presenta oportunidades únicas, pero hay que cuidar todos los detalles. Desgraciadamente poca innovación se ha realizado a este respecto; son pocos los organismos públicos o privados que han prestado atención y han adaptado cuidadosamente sus productos y servicios a los mercados de gente de más de cincuenta años.

Las pocas iniciativas que hay siguen siendo la excepción que confirma la regla. A pesar de la prevalencia de canas en las salas de juntas, las empresas solo están despertando al impacto que los cambios demográficos tendrán en el consumo de bienes y servicios. La inmensa mayoría de ellas están mal preparados para una transformación que, como dice el señor Dychtwald, convertirá un mundo centrado en los jóvenes en una gerontocracia. ¿Problema u oportunidad? Nosotros nos quedamos con la segunda.

CAPÍTULO CUARTO.
ESTADO DE SITIO

ACCIÓN-REACCIÓN O REACCIÓN-ACCIÓN

«*He aquí una fuerza enorme e incalculable que, de repente, se ha desatado sobre la Humanidad, que ejerce todo tipo de influencias sociales, morales y políticas, que destierra lo viejo antes de que lo nuevo esté maduro para reemplazarlo; el motor del cambio social más tremendo y de largo alcance que, para bien o para mal, nunca antes había afectado a la Humanidad*».

Es posible que, tras leer el párrafo anterior, hayáis pensado en Internet, en su poder transformador y en cómo todo ello está afectando a nuestra sociedad. Sin embargo, el texto es de Charles Francis Adams Jr., capitán de la Armada estadounidense, data de 1868 y se refiere al ferrocarril transcontinental y al poder de transformación que tuvo tal acontecimiento.

Al hilo del texto anterior, se puede decir que en el fondo lo que está ocurriendo en la actualidad ya ha ocurrido en otras épocas de la Historia, y hemos sobrevivido y mejorado, aunque no estamos tan seguros de si hemos aprendido de los errores. Como casi siempre, ante cada adelanto tecnológico o de cualquier índole repetimos las mismas advertencias y nuestros comportamientos son muy similares, por no decir idénticos.

La tercera ley de Newton dice: «*Actioni contrariam semper&equalem ese reactionem&in partes contrarias di-*

rigi». (Con toda acción ocurre siempre una reacción igual y contraria). Un principio fundamental de la Física, toda acción conlleva una reacción. Entendámoslo: si nos sentamos a remar en un bote, con el remo empujamos el agua en un sentido y el agua nos responde empujando el bote en sentido opuesto, en la dirección deseada. Esta metáfora del bote la hemos empleado en numerosas ocasiones para representar el trabajo en equipo. Remar es una actividad muy representativa del esfuerzo, pero en la lógica física, para ir hacia adelante la fuerza la tenemos que ejercer en dirección contraria. Una paradoja.

¿Cómo accionar para que el bote consiga su meta? Está claro que esta pregunta se plantea una y otra vez, aunque muchas veces no nos lleva más que a la frustración. También queda claro que el éxito del pasado no asegura los éxitos del futuro, y en este sentido, si nos quedamos parados esperando sin remar a que llegue una corriente, eso nos puede colocar en una posición de desventaja.

Que las cosas nos pillen remando. Una vez más estamos ante un momento en el que la empresa se enfrenta a situaciones nuevas para las que le resulta difícil encontrar respuestas inmediatas. Como decía Andrew Grove en su libro *Solo los paranoicos sobreviven*, hoy, desde nuestro punto de vista volvemos a estar ante un punto de inflexión estratégica. Él define ese punto como un cambio de las reglas del juego, que a su vez resulta de un cambio masivo en la manera de hacer negocios. ¿La solución? Tomar decisiones. En este sentido, experiencia, capital humano y tecnología van a ser elementos clave.

En la toma de decisiones ayuda mucho el pasado, las experiencias vividas, hayan sido estas positivas o negativas. Incluso nos atrevemos a pensar que de las malas experiencias aprendemos más. Los buenos historiadores, o conocedores de la Historia, tienen habilidad para relacionar algo que ocurrió en el pasado con el presente y eso ayuda a tomar decisiones más certeras. Los marineros, por ejemplo, volviendo al símil de los remos, saben que la vida tiene unos parámetros cíclicos y repetidos. La experiencia es un factor que proporciona tiempo. Hacer incrementa nuestro haber de tiempo, valiosísimo en los tiempos (valga la redundancia) que corren.

Del capital humano ya hemos hablado en el capítulo anterior. Aquellas organizaciones y empresas que no interioricen que lo que hoy necesitan son «cerebros de obra» lo van a tener muy difícil. Insistimos: tenemos que ser capaces de sacar lo mejor de las personas en beneficio del buen transcurrir de nuestros negocios.

Y, por último, y no menos importante, un buen conocimiento tecnológico, que será el elemento que aporta eficiencia en todo este contexto. Profundizaremos sobre este tema más adelante.

Cuando remamos nos impulsamos, pero por desgracia, no siempre el principio de acción-reacción tiene lugar en las organizaciones. Muchas veces parece que primero reaccionamos para que se produzca una acción del entorno. Sería como si nos asustáramos sin que nadie nos hubiera dado un susto, y ese susto lo recibimos posteriormente y de algo que no esperábamos.

El tiempo son acciones y reacciones, y el tiempo se acorta con experiencia, capital humano y un buen conocimiento de la tecnología, aspectos imprescindibles para cualquier empresa que quiera ganar la batalla por el cliente sin perder de vista un hecho muy relevante: la coherencia, alineando perfectamente lo que se hace como compañía y lo que se dice.

Ante este hecho, ¿estamos a tiempo o damos la batalla por perdida para gestionar nuestras acciones y medir las reacciones? Son las preguntas que nos asaltan hoy. A este respecto, las organizaciones en las sociedades avanzadas son como la rana en agua caliente. Se aclimatan a las condiciones cambiantes muy lentamente y esto las coloca en una posición de desventaja importante, sin acción. Veremos muchos casos como el de la rana en los próximos años. Si nos acostumbramos a pensar: «*los dinosaurios eran grandes y fuertes y desaparecieron, esto va de ser rápidos y ágiles*». ¡Ojo, rápido no significa precipitado!

Cuando un cambio se introduce de forma lenta en nuestra sociedad somos incapaces de verlo, y por tanto de reaccionar ante una situación que puede estar volviéndose peligrosa, incómoda e insostenible. En muchos casos, nuestras reacciones no están acompasadas con las acciones que produce el entorno y nos quedamos sin los recursos necesarios para poder afrontarlas una vez que se produce el contacto con nosotros.

La política está llena de este tipo de situaciones. Aparecen consecuencias desagradables y para entonces ya estamos débiles para poder afrontarlas. Cada día hay más ranas muertas, y cada día hay más personas dentro de las organizaciones metidas en esa agua caliente, como la rana, que les va adormeciendo sin capacidad de accionar y menos de reaccionar. Y ante esta situación ¿qué hacemos?

¡SALTA!

Si no puedes nadar, salta. Pues hay que saber saltar antes de llegar a una situación sin retorno. De ahí el concepto *leapfrog* (salto de rana). Dicho así parece fácil pero no lo es. Tenemos que aprender a trabajar en un ambiente de constante vigilancia, en modo alerta continua, y reaccionar buscando no «desposicionarnos». A veces la única forma de ganar la batalla es saltándose algunos pasos, buscando llegar más lejos en tiempo récord. A modo de ejemplo, es lo que hizo el general McArthur en la Segunda Guerra Mundial, cuando quiso volver a Japón y se encontró con un montón de islas que tenía que conquistar una a una para alcanzar su objetivo. ¿Cuál fue la solución? Pues aplicó la táctica del salto de rana, *leapfrog*, conquistando un conjunto de islas y dejando otras menos estratégicas que podían ser controladas por aire o por mar.

El concepto «*leapfrog*» puede ser una herramienta excelente para aquellas organizaciones que por alguna circunstancia se han quedado rezagadas. Google no fue el primer buscador ni Apple el primer fabricante de teléfonos. Estas y otras muchas compañías aprovecharon la tecnología del momento para reinventar un concepto ya existente y mejorarlo.

Más que nunca hay que observar. Observar a tu competencia y el efecto que los productos o servicios que ofrece tienen en el usuario o consumidor, teniendo siempre presente el mundo digital en el que estamos. A partir de ahí podrás conocer las fracturas existentes y hacer de ellas una oportunidad.

En esta obsesión por ganarse un hueco en el mercado, y utilizando como referencia ejemplos donde la componente tecnológica ha sido la clave del éxito, muchas organizaciones han dado un giro radical buscando incorporar a sus organizaciones perfiles técnicos que las ayuden a lidiar mejor con la «bestia». La necesidad de técnicos es innegable en un planeta altamente «tecnologizado». Sin embargo, personas capaces de llegar a las razones del comportamiento humano, así como a sus hábitos, son clave para comprender los desafíos sociales. La importancia de las humanidades en las empresas estriba en el hecho de que hay que desarrollar productos que realmente sean útiles para los usuarios, analizando el mercado al cual se dirigen para evitar la pérdida de clientes por la aplicación de estrategias totalmente desalineadas con la realidad.

Sea como fuere, en esta nueva era digital, el gran reto de las organizaciones está siendo entender el nuevo contexto y adaptarse al mismo. Escuchar al profesor Jamie Anderson en una ponencia en la que habla sobre los *Ingredientes para tener éxito en el mundo digital*, poniendo como ejemplo y espejo en el que mirarse a Lady Gaga, cuanto menos te rompe los esquemas. Lady Gaga ha sabido entender el mundo digital, se reinventa en cada concierto, hace cosas completamente diferentes, innova, crea, tiene un equipo colaborador, utiliza las redes sociales con inteligencia, colabora con su equipo, escucha a sus fans y se adapta a ellos. Ella cumple a rajatabla los puntos esenciales de una estrategia de negocios de éxito: visión, un profundo conocimiento del consumidor y la industria, y un uso inteligente de las nuevas tecnologías.

Tenemos que saber buscar en otras industrias fuentes de inspiración que nos ayuden a innovar. Hay una tendencia generalizada a poner puertas al campo, circunscribiéndonos al mundo que conocemos. Las grandes disrupciones se han producido conectando puntos que no tenían nada en común y los saltos han sido magistrales.

Internet y la hiperconectividad a la que estamos sometidos han cambiado las reglas del juego. Se habla de economías exponenciales, de organizaciones exponenciales, de tecnologías exponenciales. Las compañías con un enfoque lineal están condenadas a quedarse en la cuneta. Las empresas deben tener un enfoque exponencial, es decir, organizaciones con una estructura pequeña pero con capacidad de incrementar sus ganancias constantemente llegando a obtener resultados desproporcionadamente grandes comparados con sus iguales. Entender el concepto «exponencial» es difícil, pues siempre hemos estado acostumbrados a movernos en crecimientos lineales. Como bien dice Jeremy Rifkin en su libro *La sociedad del coste marginal cero*, el crecimiento exponencial es engañoso porque no lo ves venir. Él pone un ejemplo que te hace entender el concepto perfectamente: «*Recuerdo que, cuando tenía unos trece años, un amigo me propuso una interesante elección hipotética. Me preguntó si aceptaría un millón de dólares a tocateja o si preferiría cobrar un dólar el primer día e ir doblando la cantidad cada día durante un mes. De entrada, le dije: 'estarás de broma [...], cualquiera que no esté mal de la cabeza se quedará con el millón'. Mi amigo contestó: 'haz el cálculo y verás'. Así que cogí lápiz y papel y, a partir del dólar inicial fui doblando cada día la cantidad recibida el día anterior; al cabo de 31 días, el total ascendía a más de mil millones de dólares. Me quedé estupefacto*».

Rifkin hace una adaptación de una de las fábulas más famosas del ajedrez, cuando el rey Sheram propone la elección, en este caso no con dinero sino con semillas de trigo. En la leyenda de Sheram la fortuna obtenida es mayor, ya que cuenta con la ventaja de que el tablero posee sesenta y cuatro casillas.

¿De qué tipo de empresas hablamos en la economía de exponenciales? Ejemplos de este tipo pueden ser Uber, Airbnb, Alibaba, Snapchat, Twitter; en general todas las empresas que se han dado en llamar «empresas Unicornio» responden a este patrón de organizaciones exponenciales. De hecho, estas empresas han logrado ocupar espacios en la mente de los consumidores que antes tenían otras firmas que se quedaron en la cuneta.

¿QUÉ HAY MÁS, MÓVILES O CEPILLOS DE DIENTES?

Algo está pasando. Se habla de una cuarta Revolución Industrial, caracterizada fundamentalmente por la velocidad a la que se suceden las cosas. Pero no se trata solo de velocidad; los rendimientos a escala son igualmente asombrosos. La capitalización combinada de mercado de Uber (2009), Airbnb (2008) y Facebook (2004) es muchísimo más alta que la de BMW (1916), Marriott (1917) y Walt Disney (1923) con un número de empleados veinte veces menor. El hecho de que hoy en día se necesiten muchos menos trabajadores que hace quince o veinte años atrás para crear la misma unidad de riqueza es debido a que los negocios digitales tienen costes marginales tendentes a cero.

Si hace unos años nos hubieran dicho que el número de teléfonos móviles inteligentes en el mundo (4.800 millones) superaría al número de cepillos de dientes que se calcula utiliza la población mundial (4.200 millones), que nos íbamos a comunicar intercambiando vídeos, audios o textos mediante inmensas redes mundiales que conectarían a centenares de millones de personas, que el conocimiento y la información de todo el mundo serían accesibles desde el teléfono móvil, que cualquier persona podría dar a conocer una idea, presentar un producto o expresar un pensamiento a mil millones de personas al mismo tiempo, y que el coste de hacerlo sería casi nulo, nuestra reacción habría sido de absoluta incredulidad.

Las empresas siempre han buscado tecnologías nuevas que les permitan mejorar sus procesos para aumentar la productividad y reducir los costes de producción con el fin de bajar precios o aumentar márgenes y así ganar cuota de mercado y garantizar beneficios suficientes para sus inversores. Lo que nadie podía imaginar es que se pudiera llegar a una productividad extrema, y por ende a unos costes marginales casi cercanos a cero.

A modo de ejemplo, el coste marginal cero ha llevado a sectores como el discográfico a la cuneta, ha puesto en jaque a las industrias del cine y la televisión, ha provocado el cierre de periódicos y revistas de todo el mundo. Y esto no ha hecho más que empezar. Ninguna industria está exenta de esta amenaza. Estamos en estado de sitio; las empresas se preparan para la gran guerra. ¿Te estás preparando tú?

Uno de los acontecimientos más transcendentes de los últimos años en el ámbito económico ha sido sin lugar a dudas el paso del comercio internacional al comercio global. La globalización ha llevado a las empresas a competir con sus similares ubicadas en cualquier lugar del mundo. En este sentido, nadie se podía imaginar que China alcanzase el liderazgo mundial en lo que a comercio electrónico se refiere, o que ya en 2014 el supermercado *online* chino Alibaba registraría el estratosférico récord de ventas de 9.300 millones en un solo día. Nunca se había alcanzado una cifra de transacciones de tal magnitud en el mundo.

Sin querer ser alarmistas, esto no ha hecho más que empezar. Los diarios económicos así lo dicen: los cambios más drásticos en la economía global se darán en los próximos diez, doce años. Pensar que esto no está sucediendo ya es taparnos los ojos a la realidad. Se han roto las reglas del juego, y aunque el tiempo nos puede hacer pensar que el gran *big-bang* se ha producido y que no vamos a vivir nada igual, no es así. Si somos un total de 7.600 millones de habitantes a nivel mundial, de los cuales casi el 50% tiene acceso a Internet y a un dispositivo móvil inteligente y, según Naciones Unidas, en solo ocho años llegaremos a la cifra de 8.500 millones, podemos inferir que el número de nuevos consumidores se incrementará y, por ende, eso tendrá un impacto en la economía mundial. Es lógico pensar que gran parte de los individuos, potenciales consumidores que se incorporen, se encuentren en países en vías de desarrollo, llámese China, África, India... Las noticias que nos llegan diariamente lo ponen de manifiesto: las economías del Atlántico no están creciendo y las del Pacífico sí. ¿Y esto por qué? Son muchos los factores, y no es el objeto de este libro profundizar en todos y cada uno de ellos. Invitamos al lector a que haga ese ejercicio con la seguridad de que no le dejará indiferente. Si tuviésemos que destacar uno o dos factores, pondríamos especial foco en la inversión en I+D, que ha venido a demostrar que guarda una relación directa con la riqueza-país y el componente innovación, aspectos clave para competir en el mercado ultra dinámico del siglo XXI.

La batalla no ha hecho más que empezar. Si las cosas siguen a este ritmo, en ocho o diez años más de 1.500 millones de consumidores se sumarán al sistema económico. Hagamos acopio y preparémonos cual hormigas para el invierno. Hacerlo nos colocará en una posición de ventaja con respecto a las cigarras.

LAS NUEVAS ARMAS

Nos encontramos ante una revolución que está cambiando radicalmente la forma de vivir, trabajar y relacionarnos unos con otros. Velocidad, amplitud, avances tecnológicos, ingresos decrecientes, menos recursos, más capitalización de mercado, crecimiento exponencial, productividad extrema, empoderamiento del cliente... constituyen la nueva artillería del siglo XXI con la que tenemos que batallar.

Somos una sociedad cansada que va al gimnasio a descansar, que necesita ser tocada, masajeada, que compra el relax y el *spa (saluten per aqua)* romano, la salud a través del agua. Somos una sociedad que desprecia el error, en la que todo tiene que ser divertido, incluido el trabajo, expuestos a una información permanente y perenne en un mundo cada vez más entendido como un canal y menos como un territorio. Comemos cosas inverosímiles para lo que hemos aprendido, como una fuente de transformación e integración. Desechamos el aprendizaje como acto de voluntad del que quiere aprender, frente a la educación que imponen los gobiernos a sus sociedades, y los sistemas educativos frente al aprendizaje autodidacta, perdiendo en el proceso maestros y aprendices y ganando *coaches,* mentores y becarios.

Y, en este sentido, las viejas y aún actuales formas de medir el valor de una empresa basadas fundamentalmente en el EBITDA pierden fuerza. El éxito de una empresa no depende exclusivamente de su sistema de gestión contable. Equipo, Recursos Humanos, cultura organizativa, modelo de negocio, satisfacción de clientes, inversión en proyectos acertados, utilización eficaz de los recursos, etc. son elementos que toman fuerza frente a los indicadores financieros.

Tradicionalmente, el proceso de control de gestión y, por ende, el valor de una organización, se centraba en cumplir con el presupuesto, y por ello se daba mucha importancia al seguimiento de factores e indicadores financieros como el rendimiento del capital empleado (ROI), el valor añadido económico (EVA), el flujo de caja *(cash flow)* y el EBITDA (ganancias antes de intereses e impuestos). Estos indicadores están basados en un modelo de contabilidad que hoy tiene varios siglos de existencia y que se diseñó en sociedades que valoraban los activos físicos, pero no los intangibles.

Sirva este comentario para hacer una llamada de atención a aquellas organizaciones que aún siguen en este modelo; trabajar los indicadores no financieros nunca fue tan importante. Ya lo decía Kaplan: *«las empresas que logran resultados financieros satisfactorios pero muestran un resultado estancado o deteriorado en sus indicadores no financieros, tienen pocas probabilidades de convertirse o de permanecer por mucho tiempo en la primera línea de la competitividad».*

Un enemigo más que batir en esta guerra en la que nos hemos visto inmersos.

LA BATALLA DEL E-COMMERCE

No son pocos los clientes que se sienten perdidos con la avalancha impredecible de cambios tecnológicos. Algunos esperan y posponen sus decisiones de compra, especialmente en tecnología, buscando la seguridad de tener lo último que salga dentro de seis meses. Siempre tendrán lo último, siempre dejarán de tenerlo en un par de semanas, pero este esfuerzo es como esperar a que el agua del río se calme para poder bañarse con más tranquilidad: un imposible.

Las marcas no solo forman parte de esta EWW (E-commerce World War, Guerra Mundial del Comercio Electrónico) que es el comercio y que claramente se ha decantado por el comercio electrónico. Y es en este entorno donde estas son armas destinadas a «marcar» la diferencia. Ya en diversas circunstancias y etapas de nuestra vida hemos ido adaptándonos a las circunstancias al grito evolucionista de reinventarse o morir. Esta vida implica, cada vez más, un conocimiento del paradigma en constante evolución, en constante liquidez. Implica formación continua y conocimiento en tiempo real de las variaciones sociales que permitan aclimatar en vez de «aclimorir».

El 22% de la población mundial utiliza el *e-commerce* para comprar algo; puede ser para contratar un viaje, pedir una pizza o adquirir unos zapatos usados, cualquier cosa, cualquier servicio está a la venta. Comprar *online* es una práctica habitual y con una mayor penetración sobre el total de la población que utiliza Internet; estamos hablando de 1.600 millones de usuarios en todo el mundo que han hecho compras de manera recurrente, gastando casi dos billones de dólares en dichas transacciones. Durante los dos próximos años se espera que esta cifra se duplique.

En los estudios que publica el portal estadístico Statista observamos cuáles son los países con mayor penetración de las compras *online*. China ocupa el primer lugar, seguida de Corea del Sur y el Reino Unido. Estados Unidos, por ejemplo, aparece en el séptimo lugar. Estos datos deben ayudarnos a comprender que los hábitos de compra no están siempre relacionados con los países con más gasto por habitante, lo que nos lleva a preguntarnos por qué las ventas provenientes de Estados Unidos están teniendo una disminución en los últimos años; si en 2015 este país representó el 22.2% del mercado global, este año ha supuesto el 19.9%, y lo más curioso es que las proyecciones muestran que va a seguir el descenso. Quizá el mercado americano tiene a mano conseguir cualquier cosa si lo comparamos con un gigante del consumo *online* como es el chino, que, según la infografía de estadísticas de comercio electrónico publicada por Shopify, alcanza los 672 mil millones de dólares y se espera que los duplique en los próximos tres años.

Tal y como recoge el analista de Latamclick Ángel Paredes en su artículo de comercio electrónico: *«Cuando los usuarios están con intenciones de realizar una compra en Internet no se andan con rodeos y visitan directamente las webs de las tiendas online en las que acostumbran a entrar, confirmando la importancia de estrategias de fidelización de marca para el 2018».* Señala también Paredes que los estudios hechos por SEMrush revelan que el 42,2% de las visitas recibidas se atribuyen al tráfico directo, lo que llamamos «clientes recurrentes», aquellos que te consideran dentro de sus opciones de compra, muchas veces mal llamados «fieles» (podemos considerar la fidelidad como un atributo superior donde el cliente tiene una mayor identificación con la marca). Estos clientes recurrentes superan por poco a los «buscadores» con un 40,1% gracias a los trabajos de posicionamiento web, y se sitúan muy por debajo de los clientes conseguidos por el tráfico de referencia, un 8,6%. El tráfico de referencia se utiliza para describir a los visitantes de tu sitio que provienen de enlaces directos a otros sitios web y no directamente, o de motores de búsqueda. Por ejemplo, otros sitios a los que les gusta lo que tienes, dices o vendes pueden enviar un enlace recomendando tu sitio. También puedes tratar de conducir tu propio tráfico de referencia dejando enlaces en otros blogs o foros a los que te hayas unido. Los anuncios de pago por clic también cuentan como tráfico de referencia.

Según Statista, el crecimiento del comercio electrónico no se aplica a todas las categorías de productos. La diferencia en porcentajes entre la compra convencional y las compras en Internet todavía es de una diferencia considerable. Las únicas categorías que superan el doble a la compra tradicional son las consideradas como ocio o entretenimiento, seguidas por la categoría juguetes, con una mínima diferencia entre compras en línea y fuera de línea.

Para la revista Forbes lo más destacado en el crecimiento del *e-commerce* es el administrado por profesionales independientes, ya que nunca fue tan fácil para una persona abrir un negocio en Internet y vender sin el apoyo de una empresa.

La lucha de David y Goliat vuelve por sus fueros y los pequeños vendedores compiten con muchas posibilidades de éxito con las grandes marcas de distribución (dinosaurios, ¿nos suena?) En segundo lugar, entre las previsiones de la citada revista encontramos un aumento en el uso de la IA (inteligencia artificial); el poder de los *chatbots* comienza su recorrido sin retorno, y su inteligencia combinada con oportunidades como las que ofrece la tecnología *blockchain* les permitirá ser cada vez más precisos y útiles para el consumidor.

En el futuro el mercado parece que estará centrado en la búsqueda de una experiencia del cliente donde este se sienta único, con personalización de los servicios y tecnología de recomendación personal. Los consumidores prefieren comprar cada vez más en sitios de marcas centradas en el cliente que puedan satisfacer cualquier tipo de solicitud particular, desde marketing personalizado, contenidos útiles, hasta las políticas de envío. Según Latamclick, este enfoque hacia la personalización probablemente eliminará el poder de los «productos recomendados» genéricos, dando espacio a una proporción de igualdad directamente entre el consumidor y sus hábitos de compra, donde ya le sugieren productos hechos a medida con personalización en tiempo real y donde cada comprador tendrá acceso a un contenido único durante la compra.

La guerra de esta nueva distribución ya comenzó; el *e-commerce* estará en el ojo de todos los análisis los próximos años. Los consumidores ya le han declarado su amor. Esperemos la evolución de este noviazgo; todas las empresas se han preparado para este momento. La duda la tenemos con respecto a la intervención político-regulatoria, que es todavía una incógnita en este juego de las peticiones por clic, de las cajas de cartón, y de situaciones que rozan el monopolio de esta nueva forma de vida. Ahora más que nunca es la montaña la que va a Mahoma.

UN MUNDO VIGILADO

La primera enseñanza para ir a esta guerra es saber distinguir entre lo que es urgente y lo que es importante. Proactividad versus reactividad; curiosidad versus conformismo; información versus desconocimiento.

¿Nuestra empresa resuelve los problemas de nuestros clientes?

Primero debemos saber cuáles son estos «problemas» y el porqué de los mismos. Si lo tenemos, podemos echar mano de cualquier Sistema de Gestión de las Necesidades, como por ejemplo el sistema de Manfred Max Neef, de Herzberg, o el Sistema de la Economía Ecológica de Gary Becker, o de Maquiavelo. Lo que queramos mientras nos sirva, ya que debemos controlar las motivaciones y aspiraciones de nuestros clientes y su evolución. ¿Nuestros clientes esperan un trato preferente que los arrope? Deberemos cerciorarnos de que lo conseguimos y, si lo conseguimos, deberemos comunicarlo para atraer a aquellos que también quieran esta inolvidable experiencia de compra. Como ven, la liquidez imperante hace que ya no seamos nosotros quienes decidamos qué ofrecemos, qué comunicamos, sino que son nuestros clientes líquidos y fluctuantes quienes nos orientan. El quid de la cuestión es saberlo a tiempo y orientar nuestros posibles hacia sus deseables. Siempre en un cambio continuo, siempre remando.

Imagínense por un momento que llega la hora de la apertura de los mercados y todos los *traders* se ponen ante sus máquinas. La excitación del comienzo, los primeros grafos: «*Buy the rumor, sell the news*». La información comienza a llegar. En este mundo del *trading*, el concepto de «en tiempo real» hace tiempo que se usa eficazmente. Por sus necesidades particulares, quienes trabajan en los mercados se han preocupado en generar flujos velocísimos de información financiera proveniente de todas las Bolsas del mundo, de consultorías, de expertos, de prensa, etc. Para cada usuario hay un flujo; quien tenga inclinación por el análisis financiero técnico existen programas, cuadros de mando, «*dashboards*» específicos que vehiculan la información que permite este tipo de análisis hasta el usuario, hasta el PC, hasta sus ojos.

Para el análisis fundamental ocurre lo mismo. Elija su análisis, tendrá su información, tendrá su sistema visual de gestión y previsión. Más incluso. Desde la aparición del *trading* algorítmico, el tratamiento de la información es casi instantáneo debido a las crecientes capacidades tecnológicas y de computación. Y es así porque el mundo del *trader* necesita tomar decisiones de forma inmediata, crear escenarios, anticiparse a una variación; es decir, salir airoso en un mundo en constante fluctuación tomando las mejores posiciones en cada instante a partir de previsiones actualizadas en tiempo real.

Ante la complejidad creciente de recolecta y explotación de información, este sistema propone interfaces visuales muy poderosas que permiten llevar el análisis de información hasta extremos insospechados, llegando a suponer para una organización la diferencia entre éxito o fracaso. Si a esto le añadimos la capacidad de extracción de conclusiones, a partir de los resultados arrojados por el análisis por parte de un buen analista, formado y con experiencia, el resultado es un sistema de detección de riesgos y oportunidades que rivaliza con el de cualquier Estado y sus centros de Inteligencia como el CNI, CIA o la DGSE.

La monitorización, el seguimiento, el sistema de alertas, el análisis de información; ese es el auténtico valor de la Inteligencia Económica. No está en esa información que nos provee el inspector Gadget de turno en un momento dado. Y no está ahí porque esa información no se puede constatar con facilidad, porque no se puede trazar con facilidad, porque deja muchas dudas sobre la fiabilidad, y un larguísimo etcétera de peros que podríamos encontrar al respecto. Monitorizar permite controlar el entorno, el mercado, el nicho, sí; pero también permite controlar la propia información porque genera un histórico de la misma. Posibilita, en suma, tener información sobre la propia información.

La vigilancia observa el mundo en busca de cambios imprevistos o de alteraciones de comportamientos en un entorno, busca y encuentra aquello que es susceptible de modificar el *status quo*. La detección de amenazas, tanto aquellas sobre las que pretendemos actuar como de aquellas que son ignoradas o que tienen un carácter imprevisible, son fundamentales en el planteamiento de la vigilancia selectiva. Decimos que estamos en crisis cuando no existe una estrategia para defenderse de algo. Si sabemos cómo debemos comportarnos no hay crisis. El tiempo juega un papel fundamental y la detección temprana es muy útil, si bien es cierto que las señales tempranas pueden ser muy débiles y por lo tanto ambiguas.

NUNCA LE VENDAS A UN EXTRAÑO

Necesitamos reaccionar muy rápido ante las cosas nuevas que nos asaltan. La pregunta que continuamente tenemos que responder es ¿lo tomo o lo dejo? Necesitamos tener la capacidad de improvisar e imprimir velocidad a nuestras respuestas y actos. La sociedad nos exige improvisar, pero no de cualquier manera. Recordemos el famoso eslogan de Nike *Just do it* (Solo hazlo) y ante este imperativo a veces no sabemos ni lo que tenemos que hacer, pero el mensaje es que lo hagamos, sea lo que sea. Si se nos ocurre cuestionar qué hay que hacer se pierde una oportunidad que otros sí aprovechan, y estaremos así hasta que asumamos la importancia de la improvisación estratégica. En el mundo líquido si dudas estás muerto.

En una sociedad líquida con constantes cambios y la imperiosa necesidad de actuar, debemos echar mano de las palabras de Niccolo di Bernardo dei Machiavelli escritas en Florencia el 3 de mayo de 1469 en su obra *El príncipe: «Todas las formas de actuar entrañan riesgos, así que la prudencia no consiste en evitar el peligro, sino en calcular los riesgos y en actuar con decisión. Que a tus errores te lleve tu ambición y no tu pereza».*

Siendo así, una de las claves de cualquier marca debe ser saber qué es lo que quiere o buscar su público. Ramón Guardia Masso ya lo decía directamente en el título de su libro sobre marketing directo, *Nunca vendas a un extraño,* y algunas compañías como Coca-Cola cifran su éxito precisamente en eso, en conocer a su público, saber qué le gusta, cómo vive, que le hace levantarse por la mañana. Esto supone un tremendo esfuerzo tanto organizativo como económico, con estudios *focus group,* y un largo etcétera que tiene un solo objetivo: saber qué es lo que piensan y desean aquellos a los que hemos dado en llamar «público objetivo». Y todo este esfuerzo como paso previo a la campaña de comunicación. En definitiva, no podemos estar de espaldas a la sociedad, a lo que ocurre en la calle. Si queremos avanzar en la sociedad líquida debemos navegar en ella, no podemos avanzar demasiado desde el puerto por muy seguro que esto pueda ser.

La novedad es que ahora podemos y debemos realizar esfuerzos de comprensión post-campaña de comunicación, si queremos adecuarnos a la liquidez imperante. Porque nuestros ciudadanos-consumidores tienen sus formas de entender nuestra comunicación, y lo importante es cómo lo entienden, no cómo lo emitimos. Por muy eficaz que nos parezca lo que hemos hecho, por mucho dinero que nos hayamos gastado en la campaña, la batalla se desarrolla en la mente del consumidor y el terreno determina el combate. Necesitamos seguir la evolución de este combate, tan líquido como cada uno de nuestros clientes.

En este sentido se hace necesario escoger un buen traje, un traje tecnológico, hacer un buen uso del mismo, un uso equilibrado, sacando lo mejor de la tecnología y lo mejor del ser humano, buscando hacer un buen análisis de la información que manejamos que nos lleve a ganar posiciones y desposicionar a la competencia. Analíticas, analíticas y más analíticas. ¡Bienvenido al mundo del análisis de la información, la espada del siglo XXI!

CAPITULO QUINTO.
AEROPUERTOS, ESTACIONES
Y PUERTOS

REAL COMO LA VIDA MISMA

«*Son las 5:00 h de la mañana, en Lisboa, suena el despertador, mi vuelo hacia Madrid sale en 6:55 h, a las 6:25 h comienza el embarque, así lo pone en mi tarjeta, no me puedo demorar mucho. Me espera un día largo; a las 9:30 h tengo una reunión importante a la que no quiero faltar. Siento que hoy va a ser un día extenso en el que mi papel como cliente va a ser intenso: hotel, aeropuerto, carreteras, restaurantes... Ayer avisé en la recepción; como no tiene servicio de desayuno a esas horas me van a preparar una bolsita con un tentempié. Efectivamente, bajo a hacer el check-out, y muy amablemente me entregan la bolsita. 'iQue tenga usted buen viaje!' Al salir me espera el taxi al que he llamado diez minutos antes desde una aplicación en mi móvil. Está chispeando. La taxista me recibe con un 'buenos días' y un 'no se preocupe, ya me encargo yo de la maleta'. El día promete; dos experiencias y a cual mejor. Ya en el aeropuerto, el paso por el control de seguridad se sucede con normalidad. Desde aquel día en el que casi me da un infarto porque pierdo el avión he aprendido a llevar las cosas evitando que me hagan pasar por un mal trago*». Como clientes, una de las cosas que más valoramos es la coherencia. No puedo dejar de contaros esta anécdota: un día de invierno, hora punta en este mismo aeropuerto, las colas en el control de seguridad importantes; aunque le insisto al agente de seguridad para que me deje pasar por la vía rápida, hace caso omiso a mi petición y me responde con «aún tiene usted tiempo». Dejo en las bandejas el ordenador, mi chaqueta y la bolsa con las cosas de aseo (bolsa transparente a la que le he hecho un nudo). Una persona me para y me dice que esa bolsa no es válida, que tiene que tener cierre de presión. «¿Me puede facilitar una?». «No —me responde–, la puede comprar usted en esa maquinita de ahí, cuestan un euro». ¡Horror! De dónde saco yo un euro, no tengo cambio; afortunadamente una persona en mi misma situación ha metido un euro en la máquina y le han salido dos, me regala una. Delante de mí, una persona con un pañuelo al cuello pasa sin problemas. A mí, en cambio, me hacen quitarme el pañuelo, en fin, un cúmulo de despropósitos... pero una lección aprendida. Si las cosas empiezan mal, tu predisposición puede hacer que vayan a peor o que al menos se estabilicen. Yo solo pedía coherencia; en Madrid no me pusieron pega alguna con la bolsa. ¿Por qué aquí sí? La señora que me precedía llevaba un pañuelo, pasó sin problemas. ¿Por qué a mí me lo hicieron quitar? Está claro que hoy no me va a pasar, ya lo tengo dominado.

Los clientes nos hemos ido acostumbrado a adaptarnos a los procesos que nos han impuesto.

«Embarcamos en hora. Afortunadamente ningún percance con la maleta. Llegamos en hora. Estupendo. El comandante ha comentado que llovía en Madrid. No pierdo la esperanza de llegar a la reunión a tiempo. Para ganarlo hice el prepago del parking; ya lo había hecho otra vez y funcionó perfectamente. Al salir del avión soy consciente de que nos ha dejado en la terminal satélite. ¡Horror! No contaba yo con el tren. Bueno, no perdamos la calma. Pongo el acelerador, voy con buen calzado. Otra cosa que he aprendido: zapatos para las grandes caminatas de los aeropuertos. Voy bien, cojo el coche y me dispongo a salir. La barrera de salida no se abre, me veo obligada a llamar al control.

Ha debido de haber un error y el tique no lleva asociado el número de reserva, me lo tienen que tramitar de forma manual... Mis esperanzas se desvanecen, y efectivamente, a partir de aquí, un cúmulo de disparates... Llego a la conclusión de que cuando las cosas toman un curso negativo, la probabilidad de que entres en un efecto bola de nieve es alto. ¿Por qué será? Ya lo decía Calderón de la Barca en su obra El gran teatro del mundo: *'en este mundo triste al que está vestido viste y al desnudo lo desnuda'.*

Todos, en nuestro día a día, con mayor o menor intensidad interpretamos el papel de clientes. ¿Alguna vez en nuestras organizaciones pensamos que no hay más que mirarnos a nosotros mismos como clientes para mejorar nuestros procesos, buscando estar más alineados con lo que ellos esperan?

Aeropuertos, estaciones y trenes. ¿Nos ponemos en la piel de nuestros clientes? ¿Sabemos sobre sus viajes?, ¿los que emprenden con nosotros?, ¿los que emprenden con otros? A este respecto todavía hay mucho por hacer. Las organizaciones aún siguen imponiendo cómo quieren que sus clientes viajen con ellos, cuando son los clientes los que quieren gestionar su propio viaje.

En general, todos los clientes tenemos un nivel de tolerancia a los fallos. Incluso nos adaptamos a según qué viajes (un ejemplo claro, el anterior); lo que no esperamos es que falle lo básico, y es ahí cuando nuestra experiencia cae en picado. A este respecto siempre me acuerdo de esta frase de Bill Gates, cofundador de Microsoft: «*tus clientes más insatisfechos son tu mejor fuente de aprendizaje. Tienes que querer estar en este increíble ciclo de retroalimentación donde conseguir que tus clientes te digan lo que estás haciendo mal*». Una mala experiencia con un cliente puede destruir años de trabajo, sobre todo si esta viene seguida de una queja y una reclamación.

EL ICEBERG DE LAS RECLAMACIONES

En una de las presentaciones que hicimos en los momentos de máxima recesión, buscando ayudar a clientes y no clientes a hacer más con las inversiones tecnológicas que habían hecho en el pasado y que llevaba por título «Exprimiendo la tecnología en beneficio de los costes», se intentaba sensibilizar acerca de la importancia de analizar los procesos de reclamaciones y quejas, buscando anticiparse a los mismos. El coste de hacerlo no era muy elevado, máxime teniendo en cuenta que el retorno se hacía evidente de forma inmediata.

Un estudio hecho por TARP Research habla del «iceberg de las reclamaciones»: «*Si veinticinco clientes insatisfechos no presentan reclamación formal, cada uno de esos veinticinco clientes insatisfechos comparte su experiencia con una media de diez personas (doscientas cincuenta personas en total)... que a su vez, comparten lo que han oído con cinco personas de media (en total mil doscientas cincuenta personas). Esto utilizando canales tradicionales; con la proliferación de las redes sociales es fácil imaginar que lejos de apaciguarse ha ido a más, y que el efecto amplificador actualmente no tiene límites; de ahí lo de que una mala experiencia con un cliente puede destruir años de trabajo e incluso acabar con una marca*».

Una queja es una muestra de dolor, pena, descontento o enfado, una muestra de disconformidad, oposición o protesta por alguna cosa. Una reclamación es la protesta u oposición que se hace a una cosa que se considera injusta o insatisfactoria, la exigencia de una cosa que se hace con derecho o insistencia. En ambos casos hay una protesta, una expresión de disconformidad, aunque en las reclamaciones el énfasis recae más en la exigencia de reparación de un agravio. Sea como fuere, hay muchas organizaciones que han interiorizado lo de poner foco en aquello que más impacto tiene en el cliente y han basado toda su estrategia en gestionar bien los procesos relacionados con quejas y reclamaciones. ¿Por qué? Por estar íntimamente relacionados con el negocio y con el grado de satisfacción de los clientes. Enamoras cuando resuelves un problema.

LA NUEVA EXPERIENCIA DEL AFEITADO

Aun así, sigue habiendo muchas fracturas en la experiencia cliente que bien trabajadas pueden ser una gran oportunidad para las empresas. Un ejemplo de cómo una fractura en la experiencia cliente puede convertirse en una oportunidad lo vemos en DollarShaveClub.com. Esta empresa ha robado a Gillette (casi un monopolio durante un siglo en el mundo del afeitado) más de un 15% de facturación resolviendo una brecha en experiencia cliente. Llevándolo a su día a día, los dueños de esta compañía analizan un producto (como son las maquinillas de afeitar), sencillo y sin complejidad alguna, con lo que pagan a fin de mes y el tiempo que pierden en el afeitado.

Deciden darle un nuevo enfoque al mundo del afeitado basado en un modelo de suscripción a precio irrisorio. Por un dólar al mes el cliente recibe en casa cinco cartuchos de cuchillas de afeitar de dos hojas, y si quiere gastar más puede irse hasta los seis dólares que cuestan cuatro cartuchos de cuchillas con cuatro hojas, y, ya en la gama más alta, por nueve dólares se reciben cuatro cartuchos de cuchillas con seis hojas.

Con su primer pedido los clientes reciben gratuitamente el mango al que se adaptan estos cartuchos y pueden cambiar de uno a otro producto cuando lo deseen recibiendo, también gratis, el nuevo mango. Lo más llamativo, sin embargo, es que incluso suscribiéndose al plan más caro, el cliente acaba pagando mucho menos que si compra los cartuchos de las marcas habituales que se pueden encontrar en el supermercado.

Y esto no ha hecho más que empezar. Encontraremos nuevas empresas que, resolviendo una brecha en la experiencia cliente, adelantarán por la izquierda a muchas organizaciones que se quedan aletargadas haciendo lo de siempre y no poniendo atención a este activo: el cliente. ¿Tiene tu cliente un asiento en el consejo de administración?

En este sentido, la subsistencia de muchas empresas pasará primero por entender muy bien las necesidades de los clientes; segundo, por apoyarse en tecnologías disruptivas que hagan posible nuevos modelos de negocio; en tercer lugar, relacionarse y mirar al cliente desde una nueva perspectiva y, por último, reconfigurar el modelo productivo y operativo.

LA CLAVE: EL SERVICIO

En esta sociedad de la abundancia en la que hay mucho de todo, basar tu estrategia en bajar los precios como medida de captación de nuevos clientes no es garantía de éxito. Somos de la opinión de que los clientes estaríamos dispuestos a pagar más por recibir un mejor servicio. El servicio alrededor del producto que compramos cobra más relevancia que nunca.

A este respecto, nos gustan los conceptos que el profesor Pablo Foncillas, de IESE Business School, utiliza para referirse a la importancia del valor servicio. Ha sabido darle nombre a aspectos que ya venían trabajando algunas empresas que buscaban impactar fuertemente en la tan preciada experiencia cliente.

Foncillas habla de estrategias basadas en el *hiperservicio* y la *servificación*. El profesor define el «hiperservicio» como la capacidad de «*extender o mejorar servicios que ya ofrecen las compañías*» sin repercutirlo en el precio final y persiguiendo la conexión con el cliente. Según Foncillas, esta estrategia supone que las compañías están dispuestas a adaptarse a su cliente, no que este tenga que adaptarse a ellas. Algunos ejemplos de esta nueva estrategia los vemos en Starbucks: lanzó una aplicación móvil con la que sus clientes podían pedir un café de camino a la tienda y, una vez allí, saltarse la cola y recogerlo recién hecho, sin ningún cargo adicional. Otro ejemplo, muy original, y que tiene como base la confianza que deposita la marca sobre el que no es todavía su cliente, es el de Warby Parker. La compañía estadounidense con origen *online* ofrece un servicio inédito hasta entonces en el sector de la óptica: la posibilidad de recibir cinco pares de gafas en casa por solo 99 dólares. El cliente puede escoger la que más le guste y devolver el resto sin ningún coste adicional.

En cuanto a la «servificación», Foncillas define el término como la transformación de la venta de productos en un servicio, por el cual van a cobrarle un coste extra al cliente, y con el que persiguen la misma finalidad: establecer un vínculo con él. Por ejemplo, hay muchas compañías de automóviles que actualmente ofrecen la opción de pedir un préstamo sin la necesidad de pasar por un banco y, aunque cobren por ello, le brindan al cliente la comodidad de tener todos los servicios bajo el mismo paraguas. Se produce un hecho importante y que no queremos olvidar: las fronteras entre sectores se diluyen, con lo que se obliga a las organizaciones a estar en modo alerta continuo. Puedes tener controlados a tus competidores tradicionales, pero el problema en este nuevo panorama es saber quién es realmente tu competencia.

Si es difícil hacer un nuevo cliente, mantener a los existentes cobra más importancia que nunca. Las empresas buscan nuevos productos y servicios para aumentar su oferta. Las nuevas oportunidades aparecen en la intersección de dos o más industrias. Esto se ha hecho evidente en el sector financiero, que se ha acercado al sector asegurador ampliando su oferta para poder venderles a sus clientes más productos y servicios. O, al contrario, el sector asegurador nos ofrece productos financieros vinculados con el ahorro. En el sector del automóvil vemos como Mercedes-Benz, a través de Car-2go amplía su oferta de servicios ofreciendo *carsharing*; lo mismo ha ocurrido con PSA-Peugot y Emov.

El mundo de las telecomunicaciones también se ha subido al carro. Han sido conscientes de que el producto que durante muchos años fue su razón de ser se ha comodotizado y todas las empresas del sector están luchando por hacerse un hueco en el mercado ampliando su línea de productos y servicios. Las empresas de cosméticos se han acercado al mundo de los «medicamentos» dermatológicos... y así podríamos ir analizando industria por industria y se haría visible esa convergencia sectorial de la que hablamos y que traerá consigo compras y fusiones que nunca hubiésemos podido imaginar.

Sea como fuere, en este mundo que hemos dado en llamar «líquido» donde los vínculos no existen, las organizaciones tienen que trabajar para establecer relaciones firmes y duraderas con clientes y proveedores que directa o indirectamente influyen en el éxito de su actividad. Y en este sentido, ya no solo tu cliente, ¿tiene tu proveedor un asiento en el consejo de administración?

DEMOCRACIA

Una compra implica una promesa y esta desencadena una serie de sensaciones en el cliente: desde la táctil que una camisa nos proporciona al ponérnosla hasta la más complicada sensación de satisfacción y bienestar psicológico –o de contrariedad si la marca no encaja con nuestros gustos– que puede aportarnos el llevar su logo bordado en el pecho.

Las marcas son fenómenos creativos intangibles. Únicas. Cada una es diferente a cualquier otra, y eso es creatividad, porque proponen, seducen, convencen y son útiles para la vida en sociedad. Las marcas son el vehículo para que los bienes materiales e inmateriales que se producen para que el uso privado o común puedan ser identificados, sopesados, adquiridos, consumidos y valorados. Y, en definitiva, son una forma de democracia.

Los vocablos griegos δῆμος (demos) y κράτος (krátos) pueden traducirse como «pueblo» y «poder» o «gobierno» respectivamente. Pero en este caso estaremos hablando, no tanto de «poder del pueblo» como de «gobierno del consumidor», aunque hemos de señalar que todos los ciudadanos son a lo largo de su vida, prácticamente a lo largo de un solo día, consumidores de bienes y servicios. Desde el jabón que utilizamos por la mañana para el aseo, hasta el autobús que cogemos o la gasolina que echamos y la energía eléctrica que consumimos están sujetos a un mercado con varias marcas disponibles. La democracia genera creatividad. Democracia en el consumo ¿por qué? Porque es precisamente la existencia de distintas marcas lo que posibilita que el ciudadano escoja y elija, aunque a veces sea solo en apariencia, como en el caso de la energía, donde hablamos de una competencia impuesta y no real. En definitiva, se pueda decidir entre varias opciones con criterio, lo cual no sucedería si la decisión la tomásemos a ciegas, caso de no existir las marcas, lo que significa que se puede premiar o castigar a las marcas según la experiencia, que se simpatice más o menos con sus campañas de comunicación, con sus mensajes. Lo realmente importante es que finalmente es el consumidor el que decide, con la maravillosa libertad de no volver a contratar con una compañía que puede considerar que le ha decepcionado o ha realizado una campaña molesta en algún sentido.

El marketing es una disciplina que opera en esta pequeña, aunque importante, franja de la decisión democrática. El marketing consiste en desenmarañar y entender el mecanismo que hace que una información sea creíble y que otra no lo sea, pero dentro de unas reglas. Es más, el marketing sobre todo consiste en determinar lo que no es creíble y por qué, para hacerlo más creíble. Creíble no quiere decir completamente cierto, y la credibilidad debe estar bajo los dictados de la norma y la capacidad de elección.

TODA LA VERDAD Y NADA MÁS QUE LA VERDAD

La ley establece frases rituales para recibir testimonio, y así dar credibilidad a lo que se va a decir. *«Prometo decir la verdad»* es la fórmula en la que se basan la mayor parte de las relaciones cliente-empresa. *«Este producto te ayudará a adelgazar»* o *«Con este coche te vas a sentir libre»* son dos ejemplos de promesas a las que nos sometemos cada día. ¡Ah!, ojo, según el Derecho no decir nada ante una pregunta se entiende como silencio administrativo y tiene un valor que depende de las circunstancias. Ante la pregunta: ¿debe usted 20.000 euros a Raquel? el silencio se interpreta como reconocimiento, aunque la propia ley entiende que nadie puede ser obligado a autoincriminarse. Pero esto, que parece incluso una explicación banal en un libro que pretende dar a conocer cómo van a ser los clientes del futuro, tiene su prueba de fuego en las redes sociales.

Seguro que si decimos The Well, empresa creada por Steward Brand y Larry Brilliant en 1985, no te suena como la primera red social tecnológica que existió. Porque hasta la llegada de Facebook el fenómeno no se virilizó y hasta seis años después de The Well, no aparecen sitios populares como Tribe o Myspace. Años más tarde el omnipresente Facebook.

¡Con las redes sociales hemos topado! Internet tiene memoria, Internet es global, Internet es social, Internet es veloz. Si tiene interés en comprobarlo, le proponemos un reto: vaya a Wikipedia, acceda a alguna página, la que sea, y escriba una tontería. Le garantizamos que será rectificada en menos de veinticuatro horas. Nosotros hemos hecho la prueba y la incorrección que escribimos no duró ni veinticuatro minutos. Las personas que escriben en esta enciclopedia lo hacen de forma desinteresada, salvo que entendamos que la autorrealización es un tipo de interés. Muchas de estas personas son celosas de la corrección de las páginas, de la validez y de la relevancia de la información, así que vigilan la evolución de la temática. Y esto es lo que vamos a encontrar a partir de ahora en cualquier ámbito, sector, tema, etc. En un momento en el que todo se propaga, todo va rápido, todo es para ayer y todos podemos enterarnos de todo, ocurre exactamente eso, que nos enteramos. Y además podemos corregirlo en el momento.

Por eso ahora la credibilidad pasa por la verdad. Porque siempre hay alguien que sabe algo... lo dice y nos pillan. Siempre hay alguien que sabe algo... Y suelen ser antes «caines» que «abeles». Y como en Internet no existe el derecho al olvido, perdura... Si antes, para ser fiable y creíble bastaba con parecerlo, ahora no, salvo que le apetezca ser efímeramente influyente. En ese caso —y se lo certificamos con seguridad– será perennemente desacreditado. Hacen falta años para crear una reputación y tan solo unos segundos para destruirla.

LA CREDIBILIDAD SE TRABAJA

Pero volvamos a la incertidumbre, la duda y la subjetividad que se presentan en nuestro entorno. Desarrollar nuestra influencia se basa en algunos puntos clave muy sencillos: estar presentes para informar en el momento en que se opera el cambio en la persona a influir, informar sobre algo cuyas expectativas se vayan a cumplir y poseer una información que pueda ser verificada mediante otras fuentes, otras fuentes y apoyos que sean tanto o más influyentes.

Para estar seguros de cumplir todos estos requisitos proponemos una estrategia *win-win* con la comunidad que vamos a crear y que nos pondrá, finalmente, la medalla de influyente, con la que negociaremos a la hora de ser reclutados y acordándonos de que la Inteligencia Económica, como todas las inteligencias, tiene un fin operativo para verificar cuál es su audiencia y estar donde ellas están. La audiencia gana porque no le cuesta encontrarlo. Verifique que sus contenidos se adecuan a las expectativas de su audiencia, es decir, que su contenido está a la altura de la promesa esperada. Su audiencia gana porque usted aporta la información necesaria al cambio en condiciones de incertidumbre, duda y subjetividad. Además, asegúrese de propagar la información de los apoyos y *partners* que vaya encontrando en su quehacer diario, para que estos sigan siendo tan influyentes, o más, que usted. Sus colaboradores ganan, y por reciprocidad, se preocupan por conocerle y se lo agradecen devolviéndole el favor.

Ya no es necesario que ellos pasen el test de credibilidad. Su audiencia gana porque el mensaje conjunto reduce la incertidumbre, la duda y la subjetividad. Su audiencia comparte el contenido tanto divulgativo y promocional como reputacional que usted produce, obteniendo así mayor número de visitas e interacciones. Usted gana. Y si sus productos y servicios son mejor considerados por el respaldo de la reputación que ha ganado, usted gana. Y si usted es más creíble y más creído, luego será más y más seguido. Usted ya no pasa por los tests de preguntas. Usted gana. En definitiva: usted es influyente.

Aquí aparece la figura del *content curation,* cuyo método aplicado permite dar el buen contenido a la persona correcta en el momento correcto con el fin de mantenerle cercano y fiel a nosotros en el caso de necesitarle. La labor del «curador de contenidos» es clave en este punto porque permite la reciprocidad, la influencia y el hábito, parámetros imprescindibles para el intercambio colaborativo de información y contenido. Y sigue existiendo el marketing, que busca constantemente identificar y satisfacer las necesidades del cliente, cuando no tratar de crear necesidades y convencer al cliente de su importancia. Para entender sus interacciones, determinar sus necesidades y diseñar estrategias de marketing orientadas a satisfacerlas, los gerentes de marketing necesitan información sobre los clientes, competencia y otras fuerzas del mercado para apoyar las decisiones estratégicas de la compañía. ¿Cómo creen que se integrarían en semejante sistema? Fantásticamente bien.

LA INTELIGENCIA DE MARCA

Las marcas nacen con la vocación de ser conocidas por su público y compiten en un mundo de información, credibilidad y prueba. Cada una en su ámbito y de acuerdo a sus posibles compradores necesitan ganar un espacio en el mundo de la información mediante la influencia. El espacio en el que habitan las marcas y donde se encuentran todas ellas son los medios. Pero, ¿qué son los medios? La radio, el periódico, la televisión, pero sobre todo el mundo digital (Internet y el móvil) han evolucionado de forma exponencial. En la actualidad encontramos mucho más de lo que nunca hubo a través de distintas plataformas, cientos de emisoras, decenas de canales televisivos, gratuitos o de pago, ofertas, *zapping* a la carta, y la Red que se extiende sin fin, todo un reto para poder sacar cosas en claro.

Es en este momento en el que las marcas se plantean las grandes cuestiones acerca del medio como: ¿todo vale?, ¿cuál es el medio eficaz?, ¿cómo llegar a alguien?, ¿es el medio, el mensaje todavía? Ante la saturación de medios y la estupefacción ante tanto cambio acelerado, ¿cómo reaccionan las marcas? ¿Anticipándose? ¿Improvisando bien, improvisando mal? ¿Qué papel juegan los viejos y los nuevos medios? ¿Cómo se conjugan? ¿Cómo se adaptan? ¿Cómo llegan las marcas a sus destinatarios?

Publicidad *offline, online*, viral, camuflaje, volvemos en dos minutos, acontecimientos, noticias, SMS, patrocinios... Sí, los medios han cambiado, pero elevados a la enésima potencia. Los nichos se dirigen a los medios especializados, pero estos han crecido igualmente, intensamente y sin pausa.

Los productos de gran consumo se preguntan cuáles son los hábitos del público. Pero ¿puede el público estar atento como antes delante de una tanda de anuncios de televisión? La respuesta es un rotundo no. Entonces ¿por qué hay tantos bloques interminables de consejos publicitarios? Todo el mundo pregunta cuánto cuesta un segundo de televisión. Pero ¿cuánto vale?; ¿cuál es su retorno? ¿Cuánto vale el tiempo del público cuando supuestamente tiene tantas ofertas a su alcance? ¿Cuánto vale un segundo de su atención? ¿Nadie se lo ha preguntado? Sabemos que los jóvenes ven muy poca televisión y leen todavía menos los periódicos. Entonces, ¿tienen prestigio los medios ahora como soporte de las marcas? ¿Son ahora más importantes las camisetas de sus equipos de fútbol, Tuenti o Facebook? ¿Miramos con interés un cartel o una pancarta por muy creativa que sea o solo si nos la ponen entre ceja y ceja entre gol y gol?

Así que la pregunta del millón, simple y llanamente es: ¿conoce ese nuevo universo donde viven sus clientes hoy?

Desde el nacimiento de los llamados «medios de comunicación social», muchas son las utilidades que se le han ido atribuyendo a esta nueva forma de comunicación. Y creemos que son importantes, pero no únicas. Desde luego es interesante compartir fotos, vídeos o intereses con amigos hasta encontrar empleo. Incluso poder descubrir al socio perfecto para el proyecto empresarial que estaba en la mente vía LinkedIn. No es baladí, por cierto.

Algunas empresas están tardando en darse cuenta del significado de esta forma de comunicarse. Incluso algunas se niegan a participar de ella por diversas razones. Sin embargo, existen multitud de grandes, medianas y pequeñas empresas que son conscientes de la existencia de unas plataformas en las que conviven todos sus clientes, no solo los actuales, sino los clientes potenciales también: las redes sociales.

En resumen, se trata de una red que une múltiples puntos con componentes sociales. Por lo tanto, un lugar donde se unen muchas personas en torno a unos intereses en común. Personas que, por mucho que se encuentren tras una pantalla de ordenador, un teléfono móvil o una tableta, tienen deseos de expresar sus opiniones, sensaciones o comentarios respecto de cualquier cosa. Como anteriormente se ha dicho, las empresas que son conscientes de esta realidad (que no va a desaparecer por mucho que algunos visionarios apocalípticos se empeñen en vaticinar lo contrario) están deseosas de participar en la comunidad; básicamente porque no les va a quedar más remedio. Unas para dar a conocer sus proyectos, otras para tratar de vender sus productos, y las más de las veces simplemente para conocer la opinión de los consumidores.

La estrategia que adopte cada empresa será susceptible de una reputación *online* y de una reputación a secas. Sin duda la *e-reputación* forma parte de la ecuación: imagen más notoriedad es igual a reputación con carácter positivo o negativo.

Uno de los puntos que más y mejor debe cuidar una empresa que se aventura a entrar en redes sociales es la atención que le presta a sus clientes. Aunque no sea un planteamiento estratégico por parte de la empresa, una vez que se participa en una red social se abre una puerta de comunicación entre ella y los clientes. Y es una puerta que ya no se puede cerrar, porque sería como dejar plantada a la novia en el altar... E imagínese si la novia de este ejemplo es un colectivo de *prosumers* importantes de su sector. ¡Auch!

En cierto modo, la comunicación *online* para la empresa participa de diversos componentes como la influencia, la comunicación, el RSC o el servicio técnico y el departamento de, llamémosle, follones varios. Podríamos resumirlo con el nombre de departamento Social Media. Existen una serie de aspectos de vital importancia que una empresa, independientemente de su tamaño, debe tener en cuenta a la hora de gestionar su departamento de Social Media. Por desgracia existen muchos ejemplos que muestran cómo una gestión deficiente de la atención al cliente (porque el *social media* se dirige a clientes reales o potenciales) puede llevar asociado un foco de crisis importante para una empresa. Al contrario, también se conocen algunos ejemplos de éxito en la atención al cliente como el de la compañía aérea Vueling.

Podemos enumerar algunos de esos aspectos que comentábamos sobre la gestión de atención al cliente *online*.

En primer lugar la gestión de las respuestas. La primera cuestión, y principal, es dar respuesta a las consultas, críticas o comentarios que se reciben a través de las redes sociales. Esto no solo satisface al cliente que realiza el comentario, sino que, si se observa una generalización en la opinión, se pueden tomar medidas para que todos los clientes estén informados de la situación. Otro aspecto es la escucha activa. Para ser capaces de detectar una opinión o queja es necesaria la puesta en marcha de un plan de seguimiento y monitorización que permita estar al corriente de todo aquello que se dice sobre la empresa.

Aquí estamos en plena inteligencia de marca. Mencionar la sinceridad como parte importante de esa gestión no es un tema menor. Existen empresas que continúan introduciendo perfiles falsos en las redes sociales para tratar de influenciar la opinión de los consumidores. No seremos nosotros los que valoremos la ética de esta cuestión pero sí diremos que cualquier empresa que necesite opiniones falsas debería plantearse si está satisfecha con su oferta de productos o servicios y la manera en la que los oferta. La falta de honestidad en las redes sociales, cuando es descubierta es muy castigada por los internautas. Mencionemos ahora la palabra priorizar. Dependiendo del tamaño de la empresa se debe establecer un criterio de monitorización, ya que el volumen de información recibido al día puede terminar en una mala gestión de la atención al cliente. No es lo mismo recibir una queja que un elogio o un hilo de conversación en el que se habla de alguno de sus productos. Cada uno tiene su tipo de gestión.

Volvemos a la IM (inteligencia de marca). La educación, por supuesto, es de vital importancia para una compañía mantener un tono y unas formas adecuadas en la comunicación con sus clientes. Quizás es extraño leer estas últimas líneas pero todavía existen empresas que no aceptan de buen grado la retroalimentación negativa. Es decir, lo que no aceptan es dejar de mirarse al ombligo y empezar a ser lúcidas. Entramos aquí en el terreno de lo que denominaremos sentencia. Al recibir una queja sobre un producto, servicio, transporte, embalaje, o cualquier otro aspecto, no se debe responsabilizar a tal o cual persona o departamento. Podríamos decir que la culpa es de toda la empresa. Culpabilizar no es una solución. Es más recomendable aceptar la queja y buscar soluciones.

No se trata de que este sea un manual de comportamiento. Cada empresa, organización o incluso marca personal debe conocer y establecer sus mecanismos de comunicación con los clientes. Las estrategias de comunicación pueden parecer similares entre empresas; sin embargo, cada una requiere de una totalmente personalizada. La inteligencia de marca aplicada a cualquier aspecto de la empresa supone un apoyo a la creación de estrategias concretas y determinadas para cada necesidad. El producto, el tamaño, el tipo de cliente, la estructura organizativa de la propia empresa, la competencia o el entorno en el que se mueve, todo influye en una determinada planificación, tanto en entornos *online* como *offline*.

E-REPUTACIÓN

Al conjunto de opiniones vertidas sobre algo o alguien en medios digitales se le llama *e-reputación*. Y no se hace de cualquier forma. Se hace pensando en ser eficiente en todas las acciones y con el objetivo de actuar, vía influencia, sobre las percepciones de nuestros ciudadanos-consumidores, soportadas por esquemas mentales y alimentados estos por informaciones que moldean, validan o invalidan las premisas en que se fundamentan dichos esquemas.

Recientemente tuvimos la oportunidad de compartir mesa con un director de marketing de una empresa de servicios B2C. Se trata de una empresa –de la que no se puede decir el nombre– que hace un gran esfuerzo por la captación de clientes de forma continua y sistemática. Seguro que no es un caso aislado –y ya hemos encontrado algún otro– y de ahí nuestro interés por compartirlo.

Charlamos un buen rato y nos sorprendió mucho la fuerza que estaba cobrando el ámbito *online* en cuanto a comunicación de captación se refiere. Lógicamente siguen haciendo acciones *offline* y en ellas se pueden estar gastando más o menos cuatro millones de euros al año. Estas acciones son, como todos sabemos, unidireccionales en su mayoría, es decir, la empresa lanza mensajes a través de diferentes medios a sus clientes potenciales, para los cuales es difícil que pueda existir un *feedback* directo. Sus acciones, sobre todo en publicidad aunque con algo de RRPP, son tradicionales y, salvo algún pequeño evento o patrocinio, son bastante conservadoras.

Pero en medio de este conservadurismo marketiniano, nos confesó que desde hace un año la apuesta por el ámbito *online* es fuerte y en estos momentos pueden estar moviéndose en una inversión mensual próxima a los doscientos mil euros, con algunas puntas de trescientos mil euros al mes, una cantidad respetable para lo que es el ámbito *online*. Obsérvese el eufemismo «respetable». La sorpresa llega cuando comenzamos a hablar del tipo de acciones que están llevando a cabo: *banners*, publicidad, patrocinio y campañas *e-mailing,* pero todas ellas con un claro carácter unidireccional.

¿Están midiendo cómo lo hacen con sus acciones? ¿Saben cómo los valoran? ¿Saben qué dicen de ellos? ¿Saben dónde hablan de ellos? ¿Cuándo? ¿Quién? ¿Cómo valoran sus servicios?

Lejos del puro análisis cuantitativo que te brinda Internet con el número de clics, el porcentaje de conversión y formularios cumplimentados, el medio *online* ofrece la oportunidad de dar respuesta a todas las preguntas formuladas anteriormente. Pero, sobre todo, arroja luz sobre unas tinieblas a las que hasta ahora difícilmente se podía llegar, a no ser mediante técnicas de investigación tradicionales como encuestas y entrevistas. Interesante, ¿verdad?

CAPÍTULO SEXTO.
EL EQUIPAJE DEL VIAJERO

HARAQUIRI

La voz japonesa «haraquiri» se refiere a la forma de suicidio ritual practicado en el Japón por razones de honor o por orden superior y consistente en abrirse el vientre. ¿Será cuestión de honor?

Portada, noticias, titulares, firmas, opinión, editorial... nacional, internacional, deportes o televisión; incluyendo el tiempo o las secciones de humor: todo es accesible en Internet sin necesidad de realizar ningún desembolso. Podemos comprar el periódico en papel, o acceder a toda la información que nos interese sin gasto añadido. ¿Y no resulta extraño? Ha habido intentos en el mundo, en general fracasados, de cobrar alguna cantidad de dinero por la lectura, pero finalmente, hoy por hoy, la mayor parte de la prensa en Internet no tiene coste. Son los propios periódicos digitales los que compiten con sus ediciones impresas en una extraña lucha de la que es difícil que salga un ganador. Sin duda la edición impresa es diferente a la web, pero es evidente que resta ventas de forma alarmante y los ingresos por publicidad son muy distintos. Imaginemos los titulares: *«Los periódicos alarmados porque los lectores prefieren leerlos gratis en la web en vez de comprarlos»*. ¿Será una cuestión de honor?

Miguel Ormaetxea en su magnífico blog de «Cuadernos de periodista» analiza esta cuestión: *«La mayor parte de los editores del mundo occidental están de acuerdo en que se cometió un error histórico cuando en los albores de la era digital los periódicos comenzaron a colocar online los mismos contenidos que vendían en sus ediciones tradicionales de papel. Lograron ampliamente uno de sus objetivos: aumentar enormemente su audiencia. Pero fracasaron estrepitosamente a la hora de monetizar esas nuevas audiencias. Con ello contribuyeron grandemente a extender la cultura de la gratuidad digital, que ahora con mucho esfuerzo y tiempo comienza a dar un giro. Sabemos que la gente está dispuesta a pagar por aquellas informaciones que le interesan y no encuentra en ningún lugar en abierto. Como consecuencia, una gran parte de los editores americanos y europeos están arruinados. Ya hay suficiente experiencia sobre los muros de pago para saber que esta barrera tecnológica no salvará a la prensa».*

Solo en EE.UU. hay más de 600 publicaciones con distintos muros de pago. También en Europa del Norte esencialmente. Una amplia encuesta llevada a cabo recientemente en Norteamérica concluye que casi tres de cada cuatro periódicos encuestados están cobrando actualmente a los lectores para acceder a los contenidos en línea. De estos, el 40% ha desplegado un modelo de muro de pago «duro», que requiere suscripción para tener acceso a la mayor parte o a todo el contenido digital de calidad. El 60% restante, o sea, la mayoría, utiliza un muro de pago «suave» y medido, permitiendo un número determinado de artículos gratis cada mes antes de requerir una suscripción».

Internet tiene una inmediatez con la que es difícil competir. El caso del diario más vendido en España no es ajeno a esta competencia con uno mismo: el diario deportivo *Marca*. En la edición impresa podemos disfrutar de su contenido; la tinta queda marcada en sus páginas desde las cuatro de la madrugada. Y de la rotativa sale a la calle y se distribuye de kiosco en kiosco. En la web de Marca, diario deportivo líder *online,* podemos ver las noticias, pero también los resultados de los partidos según avanza. Si meten un gol a las 18 h, lo sabremos a las 18 h y diez segundos, ¿alguien da más? Por si esto fuera poco podemos ver vídeos con los goles de los partidos. Y por muchas vueltas que le demos al periódico, eso no es posible con la prensa; ¡y eso que hemos pagado por ella!, motivo por el que muchos admiradores de marca, especialmente los más jóvenes, siguen la información deportiva a través del diario, pero siempre por internet. Si actualmente bajan las ventas, me temo que, conforme crezcan estos nuevos consumidores, más bajarán. Y subirán las visitas en internet, por supuesto. Que un periódico compita consigo mismo es difícil de entender, pero debemos recordar que estamos en la sociedad líquida, donde las cosas pueden hundirse y volver a flotar para nuestra sorpresa en breves instantes. Que nadie se desespere. ¿Sería tan extraño pensar que el consumidor puede ser reeducado y que en el futuro estará dispuesto a pagar una pequeña cantidad por acceder a una web que realmente le aporta valor? Es una pregunta líquida. Hagan apuestas, y por favor, que la respuesta sea líquida también, todo cambia.

No obstante, todo lo comentado sobre el hipotético *haraquiri* de algunos medios impresos en su salto a internet, debemos tomar en consideración cuáles eran las otras opciones disponibles. Existía la opción de mantenerse como medio impreso, y entonces, tanto los diarios de deportes como los generalistas, se verían abocados a una situación todavía peor: en pocos meses, quizá días, otras marcas habrían ocupado su lugar en internet. Otra de las opciones evaluadas consistía en cobrar una pequeña cantidad por acceder a la web o consultar las informaciones en profundidad. Esta opción se intentó, aunque no ha tenido mucho éxito, pero parece la más razonable de cara al futuro.

DE ZAPATOS

«Nunca conoces realmente a una persona hasta que no has llevado sus zapatos y has caminado con ellos». Escribe Harper Lee en su obra *Matar a un ruiseñor.* Es bastante arrogante pensar que sabemos con qué equipaje viaja una persona, y un poco ingenuo pensar que alguien puede saber mejor que nosotros mismos cuál es el que nosotros llevamos. Este ejemplo en relación al tema que nos compete que es el cliente, en ocasiones damos por supuesto que sabemos con qué equipaje viaja, lo que lleva consigo, lo que no lleva y lo que debe hacer con su equipaje. ¿Nos suena?

Las empresas son conscientes de que los clientes actuales buscan experiencias positivas, pero no conocen bien sus expectativas. Es aquí donde surge el problema: se está tratando a todos los clientes de la misma manera sin pensar que no todos son iguales ni tienen las mismas expectativas.

El cliente del futuro: ¿cómo será el cliente del futuro? ¿Podemos hablar de cliente pasado, presente y futuro? En definitiva hablamos de personas. Lo único que diferencia al cliente del pasado, del actual y del futuro es que estos dos últimos están mejor dotados tecnológicamente que sus antepasados y eso les coloca en un lugar que nunca habían tenido.

El que estén mejor dotados tecnológicamente hace que el efecto amplificador de las malas experiencias, pueda tener un efecto devastador para las organizaciones y al contrario. Trabajemos a nuestro cliente como altavoz de buenas experiencias. No solo debemos saber que zapatos usa sino también donde pisa.

SE LEVANTA EL TELÓN

A estas alturas del combate, a nadie sorprende que el cliente haya dejado de ser espectador. Ya lo decía Tim Brown, CEO de IDEO: *«Yo sugeriría que cualquier experiencia de producto o servicio puede ser mejorada al permitir que el cliente vea tras el telón. Por supuesto, para hacer esto debemos estar tan orgullosos de lo que pasa entre bastidores como de lo que pasa en el escenario».*

Las organizaciones tienen que ser conscientes de que, aunque los actuales clientes controlan las nuevas tecnologías, siguen teniendo, a su vez, necesidad de satisfacer los viejos deseos y motivaciones humanas. La tecnología nunca estuvo tan presente en nuestro día a día como lo está ahora y nos permite abrir todas las puertas de nuestras empresas para que el cliente husmee. Conocer la tecnología a todos los niveles dentro de las organizaciones es de vital importancia. Las nuevas estrategias empresariales han de ser híbridas, sabiendo unir lo digital con lo real (unir lo mejor del mundo físico y lo mejor del mundo *online)* para entrar en la era de la experiencia sin perder la esencia de lo humano. Mostrarnos al mundo uniendo estos dos sentidos.

En nuestro día a día, en muchos casos, las personas y por ende las organizaciones actuamos como verdaderos autómatas. No cuestionamos las reglas aunque no las entendamos. *«Es lo que hay»* o *«las cosas siempre se han hecho así siempre»* son frases habituales para la mayor parte de la gente. Lo que muestra de nosotros es la cara habitual.

«Todos nuestros conocimientos resultan de las preguntas que hacemos, lo cual es otra forma de decir que nuestra capacidad para cuestionar las cosas es nuestra herramienta intelectual más importante». Neil Postman. Ya lo comentábamos en el capítulo 3 de este libro: las Humanidades van a cobrar mayor protagonismo en este nuestro mundo actual.

Estas disciplinas siempre se han encargado de mantener viva la curiosidad, de fomentar la mentalidad crítica. Saber hacerse las preguntas necesarias para entender el comportamiento humano es clave para comprender los desafíos sociales a los que nos enfrentamos y nos vamos a enfrentar, y reaccionar en consecuencia. Enseñemos nuestra cara más humana. No en vano gran parte de las estrategias de comunicación en este ámbito nos muestran a las personas en sus puestos de trabajo. Los bancos últimamente lo hacen mucho en sus procesos de trabajo técnico o artesanal. Que se levante el telón y enseñemos a la gente cómo hacemos las cosas.

DESIGN THINKING

En un escenario tan desafiante como el actual, en el que la democratización de la tecnología le ha dado un rol al cliente que nunca tuvo, el éxito de cualquier organización pasa por conocer al consumidor, a nuestro cliente, en toda su extensión. Y en este sentido no podemos dejar de mencionar un concepto que se ha impuesto en empresas de todo tipo, y que está fuertemente vinculado a esta necesidad de buscar el alineamiento empresa-cliente. Es la metodología de trabajo basada en el *design thinking*. Esta metodología se utiliza en el mundo del diseño de productos y servicios. Se parte de la observación del cliente, de sus necesidades, deseos y frustraciones para alinear producto-servicios con necesidades reales. Se busca que los productos y servicios sean pensados para el usuario y desde el usuario para asegurar que este tendrá una experiencia positiva. El reto consiste en diseñar con las personas, no para ellas. Este tipo de trabajo colaborativo ayudará a la empresa a entender qué hay detrás de cada individuo, buscando averiguar qué elemento común les une para así aplicar esa solución a otros clientes similares. Interesante ¿no?

Cuando buscamos hacer un análisis profundo, normalmente empezamos por los aspectos básicos que nos unen con nuestros clientes. Esto suele ayudar a establecer lo que será la base de nuestra estrategia. Además, lo básico suele ser el denominador común a todos los ejes que queramos tocar en nuestra aproximación al cliente. Es verdad que por «básico» cada organización puede llegar a entender cosas diferentes, pero no debemos caer en el océano de las excusas, todos somos clientes y ejercemos este rol 365 días al año, mínimo diez horas al día. Pongámonos en sus zapatos. ¿Qué es lo que pedimos? Educación, *«¿buenos días, en que puedo ayudarle?»*, una sonrisa, si es posible, un tono de voz acorde, una predisposición a resolver el problema, respeto a la persona en toda su extensión, lenguaje llano y entendible, palabras de aliento *«no se preocupe, le mantendré informado»*, coherencia, hacer lo que se dice, ser ágiles... No es tan difícil.

HACER LA MALETA

La velocidad y la agilidad ¡qué importantes! ¿Por qué? Lo poníamos de manifiesto en capítulos anteriores. Aquellas organizaciones que trabajen sus procesos buscando hacer ganar tiempo a sus clientes, se llevarán el gato al agua. Estudios realizados a gran escala vienen a corroborar que, en lo que a velocidad se refiere, las organizaciones todavía tienen mucho por hacer. No revelamos ninguna novedad si decimos que con los ritmos de vida actuales acelerados, las esperas se nos hacen interminables, querámoslo o no, tenemos que ser conscientes que en la sociedad actual se han acortado los tiempos.

Tiempo es el pilar de la vida y de la sociedad líquida. Más que de tiempo se puede hablar de la «ausencia de tiempo» para decidir, generándose así otros dos factores líquidos: velocidad e improvisación. San Agustín en su libro *Confesiones* intenta definirlo: *«Si nadie me lo preguntara sabría lo que era. Si quisiera explicárselo al que me lo preguntara, no sabría»*. El tiempo es una magnitud física con la que medimos la duración o separación de acontecimientos sujetos a cambio, de los sistemas sujetos a observación muy cercanos al «concepto tiempo» de Einstein, que pensaba en el espacio y en el tiempo como una sola cosa, el espacio-tiempo, y este dependía del estado del movimiento del observador.

Pero puede ser Newton, que tenía una visión absoluta del tiempo y lo consideraba real e independiente del tipo de eventos que ocurran y cuándo ocurran, el que nos ayude a distinguir entre lo urgente y lo importante. Sabemos ya que algunas urgencias para algunos no lo son, o lo son menos para otros. Aprender a identificar correctamente lo que es urgente o importante entre las distintas tareas es uno de los aspectos alrededor de los cuales gira cualquier noción de la gestión del tiempo o, lo que es lo mismo, la planificación de este, entendida como el estudio anticipado de acciones y objetivos, y la sustentación de los actos directivos en algún método, plan o lógica. La planificación del tiempo, por tanto, establecerá los objetivos de la organización y definirá los procedimientos adecuados para alcanzarlo.

Hay que reaccionar muy rápido ante las cosas nuevas que nos asaltan. La pregunta que continuamente tenemos que responder es ¿lo tomo o lo dejo? Necesitamos tener la capacidad de improvisar y de imprimir velocidad a nuestras respuestas y actos. La sociedad nos exige improvisar, pero no de cualquier manera. Si simplemente se nos ocurre cuestionar qué hay que hacer, se pierde una oportunidad que otros sí aprovechan, y estaremos así hasta que asumamos la importancia de la improvisación. En el mundo de las marcas, si dudas, estás muerto.

¿Son, entonces, los clientes los que hacen sus maletas? La respuesta es no, pero con matices si nos fijamos en los *prosumers* y el tiempo y dinero que ahorran a las empresas con sus aportaciones pseudoaltruistas.

Los elementos básicos que se establecen entre empresas y clientes responden a los mecanismos de cualquier comunicación convencional: emisor, receptor y su correspondiente *feedback*; pero también como símbolo y signo: significado y significante. En un mundo versátil y voluble, que se sustenta en la opinión pública y publicada y en el poder de las masas consumidoras, los signos necesitan esa liquidez para adaptarse a los continentes y continuar significando algo.

CREATIVIDAD VISTIENDO

En un mundo líquido, la capacidad del consumidor de elegir entre varias marcas se ha multiplicado. Se puede buscar información, pero no solo en la web, sería lo menos lógico, sino en la opinión de otros clientes, se puede comparar sin apenas esfuerzo y encontrar diversas opiniones y alternativas en foros y blogs. La creatividad se relaciona entonces directamente con el acto de crear valor a nuestras relaciones, de diferenciarse con ellas, y no solo aplicada a cuestiones artísticas como la creatividad de una obra pictórica, literaria, arquitectónica o de diseño. La creatividad se basa siempre en una idea abstracta y no concreta que puede estar inspirada en cosas, objetos o situaciones ya existentes; supone trabajar con lo que ya poseemos pero transformarlo para crear con eso algo completamente nuevo.

La creatividad es siempre futura, algo que se puede llegar a construir, por lo cual siempre implica un ejercicio de mirar hacia adelante a través del ente que se crea. La creatividad es un rasgo esencial de las personas y son estas las que le infunden sus conocimientos.

Aunque a veces cuesta reconocerlo, las empresas están hechas de la creatividad de las personas, y son consecuencia de las nuevas cosas, ideas o reflexiones que sus creadores van tomando del bagaje cultural ya existente.

NUEVOS TRAJES: LA INTELIGENCIA COLECTIVA

Los generadores de demanda primero identifican, analizan y asignan al cliente y, en segundo lugar, fabrican y generan al producto a medida. Primero se encuentra al cliente y se gana *insight*, después se determina el precio de llegada y se consigue el producto. Esa es la nueva relación que se establece entre las empresas y sus clientes antes, durante y después; una relación previa y anterior al existir del cliente. No es una relación duradera, pero es una relación. Lo que se produce es un fenómeno de tanteo y retorno compartido que es de gran interés.

Así como los *coolhunters* rastrean los gustos de la moda y lo que se denomina «tendencias», las empresas deben tener el olfato muy afinado para saber cómo dar en la diana para su continua aceptación; y deben tener ojeadores para detectar la evolución de dicha aceptación. Siendo atrevidos, las empresas deberían buscar ser creadoras de su propia competencia. Si, lo hemos dicho bien, competencia. Estamos en un momento en donde cada empleado, cada cliente interno, puede autoformarse gracias a su entorno, puede opinar sobre el conocimiento recibido y, una vez asimilado, puede transmitir dicho conocimiento prácticamente en tiempo real. Es decir, que puede pasar de alumno a profesor en un lapso tan corto que casi implica una revolución. Esto conlleva múltiples nociones: el conocimiento está dejando de tener jerarquía. Las jerarquías, por tanto, tenderán a desaparecer.

El conocimiento es evolutivo y fluctúa rápidamente. El conocimiento tenderá a ser objeto de intercambios no recíprocos de los que hablaremos más adelante. El conocimiento es social. Los sabios serán aquellos que se preocupen por mantener sus flujos de información y conocimiento, no quienes sepan mucho de un ámbito más o menos restringido. La sabiduría dependerá de la capacidad de creación de conocimiento propio para transmitirlo, y así ser irrigado permanentemente con la información y el conocimiento actualizado y depurado de los demás sabios. Las empresas competitivas serán las que puedan contar con dichos sabios. Estos sabios entrarán a formar parte del selecto grupo de personal clave con conocimiento crítico de la empresa; toda una medalla desde punto de vista de dirección.

La consecuencia lógica de todo esto: es imposible e inútil crear repositorios internos de conocimiento actualizado porque hoy las personas son dicho repositorio. Y estas evolucionan frenéticamente. Según McKinsey, el 50% del personal de las empresas se compone de trabajadores del conocimiento, pagados para aportar innovaciones, ideas, y resolver problemas complejos ligados a la evolución del mercado. ¿Cómo hacerlo bien si se miran el ombligo y soslayan los cambios que a diario ocurren? Para gestionar el conocimiento de forma excelente hay que gestionar óptimamente a las personas según el nuevo paradigma social. Pero no solo con esto se llegará a un fin útil; se deberá poder extraer de todas estas personas la información que tenga sentido para cada uno. Dentro del maremágnum de esta información se debe encontrar la pepita de oro. Para ello, para establecer fuentes de información, filtros, vectores de información, etc., proponemos la reciprocidad, la colaboración y la influencia. Es decir: la inteligencia colectiva. Acumular información ingente ya no quiere decir tener poder, salvo que queramos un poder efímero. Ser creativo y participar en interacciones horizontales y libres, no solo no es una pérdida de tiempo sino una fuente de éxito. En el centro, seguimos encontrando a las personas.

EMPRESA 2.0

Existe un concepto ya mencionado anteriormente: la empresa 2.0. Fue concebido por el profesor McAfee en 2006 y, desde la formalización de este modelo de empresa, muchos han sido quienes se han interesado por la colaboración interna como medio de obtención de una ventaja competitiva basada en inteligencia colectiva. Y es que este modelo permite mejorar los procesos internos a través de la reutilización de los diferentes expertos que se encuentran dentro de la empresa, y cuya presencia se desconoce.

Pero no solo sirve para movilizar expertos, también sirve para reducir los costes de comunicación interna, de desplazamientos, de gestión de agendas, de reutilización de activos disponibles, de creación de sinergias a coste cero, y para mejorar enormemente la cohesión mediante la construcción de un sentimiento de pertenencia a un grupo que garantice un buen clima laboral.

Sin embargo, una empresa 2.0 comporta sus propias necesidades. Estas necesidades se parecen mucho, ¡son las mismas que existen en la gestión de marca desde la comunicación *online* y en redes sociales! Como cualquier entorno centrado en las personas, líquido y fluctuante, exige estimulación mediante contenidos de calidad y ambientes amigables, facilitando la conexión entre los miembros del entorno con la fidelización del cliente interno, dando posibilidades de autopromoción e influencia, favoreciendo la creación de vínculos más fuertes entre personas con gustos afines; es decir, mediante un *community management* interno que favorezca las conexiones interpersonales. Vamos, como en Facebook, LinkedIn o Twitter, solo que dentro de la empresa.

Como se indica en el portal Nouvelle Donne RH, «*estamos cada vez más lejos del reclutamiento por competencias. Tanto podemos considerar que un perfil de LinkedIn permite hacerse una idea más precisa de un postulante, como las actuaciones histriónicas 'facebookianas' no pueden constituir una garantía de nada. La intrusión de las redes sociales en los procesos de reclutamiento parece ser sostenible y definitiva; lo que implica que los candidatos y trabajadores deben aprender a gestionar su identidad numérica*».

¿DÓNDE SE COMPRAN LAS MALETAS?

Así que la pregunta del millón, simple y llanamente: ¿conoce ese nuevo universo donde viven sus clientes, hoy?

Los llamados medios convencionales han experimentado grandes cambios en los últimos años. Ante la sospecha de una cierta falta de eficacia en los *spots* de televisión, por ejemplo, los creativos generaron ideas nuevas que se pensó eran una gran innovación. El *product placement* ha sido uno de ellos. Ver una serie de televisión donde el protagonista deposita nuestra marca de cereales favorita sobre la mesa como si fuera casual, o ver una película en la que tras la victoria final el gran héroe disfruta de un conocido refresco de cola —y, por si alguien no está muy atento, normalmente lo hace junto a la máquina expendedora y un gran cartel con el logo de la marca— son acciones que marcan lo que luego ha sido tendencia: las marcas siguen creyendo en los *spots* de televisión. Pero a poco que pueden tratan de salir de los bloques, de diferenciarse, y normalmente eso lo consiguen metiéndose en los programas o series, en las películas, e incluso en los telediarios, de todo hay.

Si este cambio parecía importante, los que vinieron después fueron mucho mayores. Ya no hablamos de cambios dentro del mismo medio, la televisión, ahora hablamos de diferentes medios. No hablamos de Internet, hablamos de internet a través de móvil, ordenador fijo, portátil o la *tablet*.

Resulta especialmente interesante analizar las relaciones entre las empresas y los clientes dentro de las redes sociales. Para hacer esto no debemos olvidar cuáles son las relaciones fuera de internet: ¿Qué lleva a un joven a comprar una sudadera de determinada marca por una importante cantidad de dinero, y que el logo de la marca ocupe casi la totalidad de la prenda? En algunos casos es inevitable preguntarse si el consumidor ha comprado la prenda o es la marca la que le paga por hacer publicidad (poco sutil) de su logo. En estos casos la respuesta es simple. No es que le paguen por llevar el logo, es que la identificación con la marca y lo que él como consumidor piensa que transmite de sí mismo a los demás es tan grande que no tiene reparos en lucir un logo gigantesco. ¿Qué lleva a una persona a comprar una botella de vino de una prestigiosa bodega? Sin duda puede existir un factor de prestigio, pero también el propio disfrute de una experiencia sensorial. En las redes sociales las marcas pueden mantener un flujo de información especialmente atractivo con sus consumidores. Podemos tomar como ejemplo una bodega de la denominación de origen somontano, Bodegas Olvena. En su web se encuentran sus vinos, información sobre cursos de cata o imágenes, pero resulta mucho más interesante su página en Facebook. ¿Qué podemos transmitir en un anuncio de página entera en una revista por poner solo un ejemplo? Quizás una idea, un eslogan, pero conocimiento, poco. Una vez anotado el coste de ese anuncio lo podemos comparar con el coste en Facebook, más que coste aquí lo que cuenta es simplemente hacerlo bien, con sentido común, pudiendo ser a coste cero. De pronto el vino se convierte en un amigo rodeado de otros amigos que comparten información y fotos. En Facebook encontramos otros amigos de Olvena. Vemos gente que ha estado allí, ha realizado una cata, ha hecho nuevos amigos y ha quedado en subir sus fotos que posteriormente comentan, etc. Todos estos amigos comparten esa experiencia en la bodega; experiencia por lo general llena de buenos recuerdos, que puede animar a otros potenciales consumidores indecisos. Una vez más son otros consumidores los que según su experiencia nos inducen a tomar decisiones.

Por otro lado, la bodega nos transmite mensajes que pueden ayudarnos a ampliar nuestros conocimientos de la marca en general o del mundo del vino en particular, tales como *«después de varios días lloviendo por fin comenzamos a recoger la uva»* o *«nuestra marca se asienta en un restaurante de Shanghái»*. Estos mensajes cubren no ya una necesidad de representación, sino que aportan información y cultura sobre un determinado sector o marca con un importante componente emocional. Tanto a la hora de fidelizar como de captar nuevos clientes, las redes sociales suponen una extraordinaria plataforma de lanzamiento.

RIESGOS

Una vez comentadas las posibilidades en positivo, es necesario apuntar los riesgos inherentes a las redes sociales e Internet. Peligros que han sido aprendidos teniendo en cuenta el sistema de ensayo y error. En el inicio de Internet, una agencia de publicidad diseñó un atractivo juego para estudiantes universitarios en la web de una conocida marca de automóviles. Como parte de la plataforma, los participantes tenían la posibilidad de compartir sus experiencias en un foro escribiendo diversos mensajes. En principio todos fueron buenos, pero de pronto el juego generó un pequeño conflicto sobre la solución a uno de los enigmas y en tan solo unas horas, los responsables del juego comprobaron que el foro se había llenado de mensajes con duros calificativos como el de esto es una estafa y cosas similares. Y ahora viene una importante pregunta que un gestor de marca debe hacerse: ¿De verdad quiere saber lo que los consumidores piensan sobre su producto o servicio? Muchas son las empresas que se han dado cuenta de este factor y, lejos de dudar ante la respuesta, han decidido que no, que mejor no saber lo que los consumidores piensan o que, en todo caso, mejor acotar el alcance de las opiniones negativas.

Lo cierto es que Internet sería una plataforma extraordinaria para que los clientes pudieran enviar sugerencias o reclamaciones, y esto en principio puede suponer una gran ayuda para los gerentes y directivos de una empresa, que podrán tener una idea clara de qué está fallando con su producto o servicio, y de esa forma ponerse a trabajar para encontrar soluciones. Sorprendentemente son muchas las empresas que ponen innumerables trabas para que esto pueda ocurrir. ¿Quiere hacer una sugerencia o una reclamación? Bien, entonces, en vez de enviar un simple *mail*, la empresa nos ofrece un extenso formulario, nos pide datos, nos solicita que para sugerir algo debemos hacernos socios. ¿Hacernos socios? ¡Si prácticamente lo que deseamos es no volver a contactar con ellos! y aportar nuestra dirección, edad o teléfono. En definitiva, hay grandes compañías; los servicios de telefonía probablemente estén a la cabeza de los que construyen una gran barrera para no escuchar a sus clientes descontentos; un factor que tener en cuenta es que, como sugeríamos, quizás ya saben cuál es el origen del descontento.

Que una empresa no quiera escuchar lo que se está hablando de ella en Internet, en foros, blogs, redes, *wikis* o micro blogs, no quiere decir que vayan a dejar de hablar de ella. Ejemplos de esto hay innumerables, pero basta recordar cómo un famoso programa de televisión perdió toda su publicidad al ser vapuleado por los internautas tras descubrir que llevaba pagando un tiempo a un familiar de un presunto asesino de una menor. Este hecho terminó, incluso, cambiando el formato del programa.

Haciendo hincapié en este asunto, tampoco son cuatro gatos los que emiten su opinión. Para que se hagan una idea, en la semana previa a las elecciones generales españolas hubo más de un millón y medio de opiniones vertidas sobre ambos candidatos. ¡Y todo esto en una sola semana! La sociedad se expresa y lo hace en los *sites* o sitios en los que pueden ejercer su libertad; para bien o para mal.

Lejos del puro análisis cuantitativo que te brinda Internet con el número de clics, el porcentaje de conversión y formularios cumplimentados, el medio *online* ofrece la oportunidad de dar respuesta a todas las preguntas formuladas con anterioridad. Pero sobre todo y como comentamos en el capítulo anterior, arroja luz a unas tinieblas en las que hasta ahora difícilmente se podía ver, a no ser mediante el uso de técnicas de investigación tradicionales como encuestas y entrevistas.

Fijémonos en la paradoja existente. Una empresa de servicios B2C se gasta cantidades importantes en un medio tremendamente interactivo para llegar a sus clientes potenciales de la forma más unidireccional posible, descartando todo posible *feedback* y, sobre todo, no preguntándose ni dándole importancia a qué dirán de ella sus clientes potenciales.

Nuestra sensación en aquel momento fue bastante rara: aunque quisimos pensar que, en el corto plazo, es una actitud pasable, en el medio y en el largo plazo esta conducta seguro que castigará a esta marca de una u otra forma; y de hecho lo está haciendo.

Nada más volver a nuestra oficina, quisimos hacer una búsqueda de esta marca en Internet. Esta nos ofreció el volumen de información total que hay en la red en cuanto a comentarios y apariciones de esta marca en páginas web, artículos de prensa, foros especializados, *blogs*, *wikis* y redes sociales. El número total de apariciones de esta marca fue de 86.000 apariciones en 2008, 179.000 en 2009, 312.000 en 2010... tres millones en 2017.

El número no indica gran cosa. No por tener más apariciones eres mejor o peor. Pero sí indica que el crecimiento de opiniones y comentarios de los internautas sobre esta marca ha ido creciendo y mucho en los últimos años. Y esto debe ser por alguna razón. Y seguramente seguirá creciendo y con ellas, sus valoraciones sobre producto, sus valoraciones de la red de ventas, de sus oficinas, de su precio o su valoración con respecto a la competencia. Y todo esto, en la niebla total para los gestores de la marca en cuestión.

Fuimos un paso más allá y sacamos una muestra de los comentarios de esta empresa en Internet. Desde el principio hasta el fin todo eran quejas sobre el servicio técnico, cuando la publicidad *offline* hablaba de la fidelización de los clientes gracias a su atención al usuario. Pero más impresionante es que algunas empresas crean que se interesan por la opinión de sus clientes, crean estar al tanto de lo que dicen sus usuarios y clientes potenciales, y no tengan ningún sistema de escucha; de acción *Social Media* marketing *pull* y no *push*, de interacción en vez de emisión...

En este caso, la cantidad de aportaciones sobre el servicio, los productos, las campañas y la atención era descomunal, al igual que las comparaciones directas con los servicios de sus competidores. Y toda esa información no iba a ninguna parte. Es más, en las primeras apariciones en Google ien los primeros diez resultados lo que se veía eran quejas provenientes del foro más importante de protección del consumidor! ¡Si eso no es tenerlo fácil! Pero siguen *offline* en su proximidad al cliente.

No hace falta un sistema oneroso, no hace falta saber sánscrito, no hay que encontrar la piedra filosofal, basta con saber dónde poner el oído para tomarle el pulso a tu cliente o potencial cliente, ahorrarse muchísimo dinero en investigación a través de encuestas o entrevistas, obtener percepciones y sugerencias continuas de producto, servicio, atención, minimizar la actitud y comentarios virulentos hacia nuestra marca. Y todo eso por destinar un tres por ciento de tu presupuesto al *marketing online*. Saber o no saber, esa es la cuestión. Pero hay que saber para actuar.

Empecemos a actuar. Lo primero es hacerse las preguntas pertinentes, como decíamos en el primer capítulo. Y saber si la estrategia que creemos conveniente para nosotros es la imagen o la notoriedad.

CAPITULO SÉPTIMO.
EL ESTADO EMOCIONAL
DEL CLIENTE

LA REALIDAD Y LA PERCEPCIÓN

Realidad es aquello que ocurre en el mundo real. Realidad es aquello que responde a parámetros medibles y demostrables. Por lo tanto, lo contrario a la realidad es aquello que acontece en el mundo de la fantasía, la imaginación o la ilusión individual o colectiva. Realidad es aquello en lo que todos deberíamos coincidir, pero no lo hacemos.

Bajo esta premisa todos deberíamos votar al mismo partido político, tener las mismas creencias y comprar las mismas cosas y no lo hacemos. Si son reales, son medibles y constatables y, si son medibles y constatables, deberían ser válidos para todos.

Que el agua está fría es una afirmación real dependiendo de la sensación individual. Cuando vemos a un grupo de personas de carnes rosadas sumergirse en el agua del Ártico partimos de esa premisa. Pero esos nadadores de agua fría tienen un nivel de realidad distinto al nuestro. El agua sigue estando fría, pero para ellos es soportable. Cuando decimos que el agua está a diez grados centígrados estamos dando una clave acerca de la temperatura real. Si decimos que «está fría» es una sensación nuestra mientras que la temperatura a diez grados del agua es una realidad. La capacidad de soportarla es personal.

La idea que encierran los párrafos anteriores es muy importante para poder trabajar con el cliente del futuro. Nuestro cliente se mueve en un mundo de percepciones, es su cerebro el que recibe unas sensaciones en forma de estímulos, pensamientos y sentimientos, que forman unas impresiones sobre esa realidad que él vive y así lo percibe. Y cada uno de nosotros la percibe de forma diferente.

Se puede decir que vivimos cada día con diferentes realidades, o con percepciones distintas de esa realidad.

No vamos a entrar en teorías como Gestalt o los procesos de la percepción de Helmholtz, pero hemos de explicar que todas las creencias colectivas, religiosas, políticas y el consumo tienen la misma fórmula: cada una vive un mundo que estima real, y se considera poseedora de la razón para habitarlo frente a los demás, un mundo que muchas veces es excluyente de otras realidades.

«No entiendo cómo te puede gustar esa camiseta», «este es el jugador mejor de todos los tiempos» o *«solo tenemos estabilidad cuando gobierna el partido que yo voté»* son un ejemplo de frases que utilizamos para aseverar nuestros gustos y nuestras opiniones, la percepción de un mundo que cada cual se monta a su medida.

Enfrentarse a discrepancias particulares y generacionales sobre la moda es una circunstancia más bien reciente. *«El no entiendo como te puede gustar esa camiseta»* es una frase dicha por alguien que tiene un criterio frente a otro. En los años sesenta la moda se convierte en una forma de expresión individual y generalizada; si es cierto que hay cientos de casos a lo largo de la historia de la moda donde el vestuario se utilizó como símbolo de identificación de clases, recordemos por ejemplo el sombrero de copa, la chistera, como identificación del poder económico y político del que lo poseía, y ahora como símbolo de la magia y poco más. Otro ejemplo de usos de la moda con carácter reivindicativo son los vestidos blancos que utilizaron las sufragistas en sus manifestaciones para conseguir el voto de la mujer. Es pues en los años sesenta donde se generalizan las personalizaciones en la moda, y donde el criterio se hace libre y llega a los armarios para quedarse.

Nuestras opiniones se basan en el mundo que conocemos, generalmente pequeño. *«Este es el mejor jugador de todos los tiempos»* es una aseveración que los amantes del fútbol pronuncian con asiduidad en sus discusiones sobre el arte del manejo de un balón. En estas grandilocuentes afirmaciones solemos apropiarnos del conocimiento universal para satisfacer nuestras propias sensaciones, el conocimiento de un deporte con más de ciento cincuenta años de historia, una mitomanía que nos permite asegurar nuestra percepción de que el mundo en el que vivimos hoy es el cúmulo de percepciones del pasado.

Cuando hablamos de política, y nos decantamos políticamente, lo que hacemos es una acomodación de la realidad a lo que queremos vivir. Y votamos al partido elegido porque el mundo que quiero seguir percibiendo se acomoda más a una propuesta determinada.

Mucho se ha escrito sobre los determinantes del comportamiento electoral de los individuo, no nos adentraremos en los modelos de Lazarsfeld, Berelson y Gaudet del año 1944, o en el de Michigan de los sesenta, con los que se han tratado de explicar las distintas opciones que inciden en el sufragio, ahora con más variables dado el papel que juegan las redes sociales en su determinación con la manipulación de diferentes temas, o las alteraciones de las preferencias del votante que repercuten en las promesas políticas. La gente a quien desagrada un partido contrario, que odia a un grupo social o racial diferente, o tiene ideas diferentes a las suyas, recordará y repetirá rumores dañinos con respecto a estos grupos constantemente.

No entraremos a valorar creencias que son sagradas para muchos, pero sí queremos que esta reflexión sirva para entender que muchas veces tendemos a creer que la colectividad está al margen de la generación de irrealidades. Como ejemplo, la no enseñanza de la teoría de la evolución de Darwin en los colegios de algunos estados de América, por considerar que estas teorías evolutivas están en contra de la creación de la vida en siete días por un ente supremo. Si un dios creó el mundo en siete días, literalmente, no pueden venir a contarles a nuestros niños que el hombre es parte de un proceso evolutivo; la teoría del Big Bang tampoco se estudia. También como ejemplo está el que considera que comprarse un coche de ultralujo es el centro de su existencia y el objetivo de su vida. Dos ejemplos de percepción de una realidad que son muy distintos, o no tanto.

CREEMOS LO QUE ESTAMOS DISPUESTOS A CREER

El mundo entero está viviendo un momento de especial trascendencia por las implicaciones que tiene en el uso de las redes sociales la creación de un mundo de noticias falsas, que apoyan determinadas iniciativas y que se dan por verdaderas.

En su primera entrevista como presidente tras ganar las elecciones de 2016, Donald Trump aseguró que debía su triunfo a las redes sociales: «*Creo que las redes sociales son más poderosas que el dinero de campaña*».

El mundo *fake* (mentira) es una realidad. Creemos lo que estamos dispuestos a creer. Y además se da la paradoja de que el que puede acusar a otro de mentir es el que realmente está mintiendo. Miles de noticias e informaciones falsas, parcialmente documentadas o sesgadas invaden nuestros dispositivos móviles, lo que se ha dado en llamar «generadores de contenido». El consumo de contenido fácil, de titulares sin ningún tipo de análisis o reflexión, nos lleva a un mundo donde estamos abiertos a creérnoslo todo.

La función básica de las noticias falsas (*fake news*) es tan antigua como las relaciones humanas: se trata de una forma tecnificada del rumor.

Todos somos una fuente en el tráfico de rumores. Convertimos nuestro pequeño mundo en un proceso de tensión social interna ante la falta de datos exactos y completos sobre una cuestión, o también cuando negamos determinados datos, solemos plantear propuestas distintas. Los rumores están dirigidos a desacreditar la reputación y causar, socavar o agrandar la moral. La manipulación de la información es un instrumento común de la comunicación propagandística.

En su obra, Allport y Postman señalan que: *«el tráfico de rumores surge de algo tan poco complicado como el deseo de una conversación interesante y el disfrute de un chisme picante o poco usual. Sin embargo, una persona se inclina más a recordar y a extender un rumor si este sirve para aliviar, justificar y explicar sus tensiones emocionales».* El rumor cambia constantemente a medida que se propaga, ya que sus portadores lo desfiguran inconscientemente para adaptarlo a la forma que mejor ratifique sus antagonismos.

Los individuos aceptamos y propagamos el rumor sin someterlo a crítica alguna, sin contrastarlo y medir su veracidad, siempre que encaje en su patrón de preferencias y sentimientos, también si proporciona una explicación emocionalmente satisfactoria.

En los años cuarenta, Allport y Postman asociaron tres procesos a la trasmisión de rumores. En primer lugar, que en la transmisión el rumor se va acortando y pierde información; en segundo, que en el tiempo se exagera de manera selectiva como parte del mismo y, en tercer lugar, que los rumores son distorsionados según los prejuicios de cada uno.

En nuestro mundo conviven de igual a igual rumores y noticias contrastadas.

Ahí surge el primer problema, ya que en las redes sociales la presentación es la misma sea cual fuere el origen de la información. Un artículo de *The New York Times* contrastado por un grupo de expertos tiene la misma importancia que un disparate inventado por un adolescente en su pueblo. Mark Zuckerberg, el CEO de Facebook, sostiene que la idea de que las noticias falsas tienen una influencia política es falsa, algo que contradice su propio departamento de publicidad cuando dice que comunicar a través de esa red social sí tiene efectos positivos para tus campañas.

El desarrollo de los *instant articles* (artículos instantáneos) acentúa aún más el fenómeno *fake*, con noticias mimetizadas, artículos que se suben al servidor de la red social y que, salvo por el logo del medio en cuestión, todos tienen la misma apariencia. Las investigaciones también apuntan a que las informaciones inventadas en las redes sociales actúan como formadoras de opinión con dos objetivos principales: captar la atención para un beneficio publicitario y ejercer influencia.

Estas derivadas tienen un efecto político claro, no se trata tanto de difundir información como de generar comunidad, tal y como fue originalmente la venta de las redes.

«Ahora de no me interesa lo que me cuentes, te quiero conocer para influirte. De esta manera lo que nosotros subimos a la red en forma de fotos u opiniones sirve para proyectar nuestra personalidad y fortalecer los lazos con quienes compartimos la misma forma de pensar: dime qué compartes y te diré quién eres. Por eso es por lo que los usuarios tienden a compartir aquellas informaciones que apoyan su propia visión del mundo y la veracidad o la objetividad pasan a un segundo plano. Las noticias falsas intentan modificar la formación de opinión política. El mundo *fake* es una realidad para aquellos dispuestos a creer, y querámoslo o no, creemos lo que estemos dispuestos a creer.

El ejercicio de la democracia, el poder del pueblo y de una mayoría, y por ende la defensa de la libertad de expresión, es también un arma de doble filo donde está en juego el mandato futuro de sociedades dominadas por unos intereses que se manejan muy bien con las redes sociales.

No somos nosotros los que debemos juzgar estas maneras de uso de la opinión pública y su legitimidad; lo que sí hacemos notar es su existencia y que esto no responde a una teoría conspiratoria. Nuestro entorno personal digital cobra mayor importancia y, alimentado de noticias falsas, puede escalar en una espiral que refuerza siempre nuestra propia opinión: los medios clásicos, y por ende los criterios periodísticos, pierden así su importancia y dejan de ser garantes democráticos. La base de la decisión electoral, la percepción personal de millones de votantes se interpreta como una verdad que ellos creen y sienten.

SOCIAL BOTS

La realidad es que hay una cantidad ingente de troles (inteligencias artificiales) llamados *social bots* que emiten informaciones haciéndose pasar por humanos. Estas informaciones están tergiversando, potenciando o mintiendo deliberadamente para cambiar una opinión o mantener una creencia, y miles de personas utilizando esas redes generan contenidos tendentes a crear una realidad que se adecue a sus intereses. Ya no es que el agua esté fría, sino que está caliente. Realmente a muy pocos les interesa la realidad y sí la sensación de la realidad.

Los *social bots* son perfiles automatizados en las redes sociales que sin embargo aparecen como perfiles de personas con nombres y apellidos, gente real, o sea que adoptan una imitación engañosamente genuina de un usuario. Su trabajo es emitir opiniones cada vez más cercanas y radicales a los usuarios. La medición de las consecuencias de su actividad es muy incierta pero lo que sí es cierto es que estos *social bots* transmiten noticias que han sido inventadas y sin ninguna base informativa; más bien buscan la crispación, la desinformación, y la radicalización de las opiniones.

Otro de los objetivos de esta riada de mensajes automatizados en Twitter, consiste en despertar la atención sobre ciertos temas con una medición de las reacciones que despiertan, lo que convierte a estos *bots* en estrategas de la difusión de tendencias. Cuando determinados nombres aparecen entre los *trending topics* de Twitter aumenta la probabilidad de que se publiquen artículos de prensa sobre ellos. De esta manera estas inteligencias artificiales determinan las agendas y tendencias de las que la gente habla después de haber pasado por Internet.

Como hemos comentado con anterioridad no está claro si los *social bots* ejercen una influencia política directa sobre los usuarios, lo que sí es un hecho es que están influyendo en las redacciones de los medios y que los nuevos periodistas buscan en estas corrientes de información muchos de los temas de sus artículos amparándose en que son tendencia. Al final la influencia existe.

NUESTRA BURBUJA Y LA POSTVERDAD

El hecho de que uno tiende a rodearse de personas que comparten las mismas ideas, no necesariamente es un fenómeno negativo. Esto se denomina el «filtro burbuja» y es tan antiguo como el hombre y su necesidad de pertenencia a una tribu. Necesitamos vivir dentro de un estado de protección, y de gente que opine igual que nosotros, pero es cierto que uno puede caer fácilmente en la trampa de esos filtros burbuja porque los seres humanos tendemos a sobreestimar nuestro entorno más próximo. Recuerdas eso de: *«como la comida de mi madre, de mi pueblo o de mi país, no hay otra igual».* Esta frase sencilla, y que forma parte de unas creencias impregnadas de emociones, se puede extrapolar a otras que nos llevan a tomar partido de una manera más dramática a lo largo de nuestra existencia. Cuando recordamos el apoyo popular que tuvo el partido nacionalsocialista de Hitler, podemos entender que no todos los alemanes que ensalzaron en esos momentos un régimen tan sanguinario apoyaban esas practicas, pero la burbuja informativa y emocional en la que vivían les impedía ver más allá de lo que se les presentaba de manera exaltada, y de orgullo de pertenencia a lo que ellos denominaron una raza superior.

La burbuja emocional que cada uno desarrolla es la misma. Cuando decimos que la comida de nuestro país es la mejor, cuando nos unimos emocionalmente a un equipo de fútbol, o apoyamos a un partido político determinado en un periodo de nuestras vidas, la sensación de pertenencia es lo que hace que ese filtro aislante sea uno de los recursos a los que nos apegamos los humanos en nuestras relaciones y que nos ciega a otras visiones que consideramos contrarias; son filtros y son vendas en los ojos para no sentir ni ver otras realidades. Aquello que no puede verse o sentirse pierde importancia: *«ojos que no ven, corazón que no siente».*

Las redes sociales están cimentando de una forma visible este mecanismo del «filtro burbuja». Es claro el ejemplo de Facebook, que articula su negocio alrededor de la interacción de sus usuarios. Esta compañía norteamericana conecta a sus usuarios con aquellas informaciones ante las cuales estos van a reaccionar. Ahí donde hay una reacción, sea a favor o en contra, los algoritmos de Facebook detectan un estado de opinión y trabajan para seguir suministrando al usuario más información afín, y que continúe con sus reacciones. Esto termina llevándole a una persona a una reducción de opiniones, digamos que solo leemos aquello que alimenta una serie de opiniones determinadas. Como consecuencia de estos «filtros burbujas» tenemos la radicalización y la polarización de las opiniones que tienen lugar en estos medios, donde el más extremista es el que se lleva el gato al agua, y donde los grupos afines caen en una suerte de espiral de datos que se refuerzan a si mismos, sin que exista la más mínima sombra de duda. Esto siempre deriva en una actitud de «nosotros contra ellos».

El ser humano tiene una determinada atracción por lo falso, pero eso sí, que concuerde o apoye sus propias creencias. Nos han encantado los rumores, aquellos que nos acercan a la información privilegiada, a la destrucción del mito, o al entorno del secreto que solo poseemos unos pocos. Esta potencia del mundo *fake* se ha desbordado con las redes, donde mentir, insultar, dar opinión, se ha convertido en algo al alcance de cualquier humano con un móvil en la mano.

Esta unificación del conocimiento, y también del desconocimiento, se va a ir multiplicando progresivamente, y nos encaminamos a un mundo donde nuestro cliente comienza a tener la imposible misión de distinguir entre lo verdadero y lo falso.

El bloguero político David Roberts utilizó la palabra «postverdad» en un blog de la revista *Grist* el 1 de abril de 2010. No era una palabra nueva, pero la manera de aplicarla al mundo político sigue siendo un referente, la definió como: *«una cultura política en la que la política, tanto la opinión pública como el uso narrativo de los medios de comunicación, casi o totalmente se han desconectado de la política».*

La postverdad –también definida como «mentira emotiva»– describe la realidad para crear y modelar la opinión pública. ¿Cuál es el factor diferencial? Que los hechos objetivos tienen menos importancia que la apelación a las emociones y a las creencias personales. Volvemos al chapuzón en el agua helada del ártico y el si te bañas vas a ser un héroe, si te bañas vas a tener salud el resto del año, es un agua sagrada que lo cura todo o, mira, Dimitri tiene noventa años y se baña cada año en esta agua. Son verdades emotivas para un agua que está camino de los cero grados y, más allá del *shock* al que sometes al cuerpo, no tiene mayor trascendencia.

Esta cultura de la postverdad está centrada en el mundo de la emociones y creencias y se desentiende de la información real. *«A mí me lo dijo mi primo»*, *«hago lo que todos hacen»* son frases que ayudan a su entendimiento. Cuando ignoras los hechos, y las apelaciones están hechas sobre lo que creemos: *«Creo que la sal le da más sabor a la carne»*; puede ser verdad, seguramente lo es, pero si un médico te dice que la sal en exceso te altera la tensión y es perjudicial para ti tienes dos caminos, asumir la realidad o escudarte en la *postverdad* de: *«pues mi primo, que también es médico, se toma la carne con sal y me ha dicho que...»*. Cuando no queremos prescindir de algo nos sobran las excusas. Si esto ocurre con un tema cotidiano, imagina qué ocurre cuando esta postverdad se aplica al campo de la política y los sentimientos, o para anunciar que el cambio climático es una falsedad que se han inventado los científicos para evitar la evolución y el progreso industrial. Nuestra vida, día a día, está llena de postverdades, de mentiras emotivas que nos hacen seguir comiendo helados, comprando coches, votando a líderes que nos prometen la riqueza general y la seguridad eterna.

¿QUIÉN DIJO MIEDO?

Somos una sociedad líquida en crisis permanente, o en varias a la vez. Crisis es un eufemismo pues ya no es crisis sino una nueva forma de vida con la que vamos a convivir mucho tiempo, lo que hace que aumenten nuestros miedos.

El miedo es y será parte de nuestra estructura vital, como la sanidad, el trabajo o la pareja. El futuro se nos presenta con miedos: miedo al miedo de una sociedad miedosa. Antes teníamos miedo al futuro: «*¿qué será de nosotros?*», ahora se lo tenemos al presente, «*¿qué estamos haciendo?*». Los procesos de incertidumbre están generando miedos cortoplacistas, infantiles, como cuando nuestras madres nos amenazaban con «el hombre del saco». El miedo es medible y las crisis se alimentan de miedos. Y, por el contrario, ahora más que nunca, la sociedad y los individuos buscamos la felicidad. La proliferación de títulos, seminarios y conferencias sobre la materia hacen de esta búsqueda una razón fundamental de ser en una época llena de preguntas frente a la situación anterior donde las respuestas eran habituales. La palabra «felicidad», por ejemplo, tiene múltiples acepciones. Julián Marías, en el libro *La felicidad humana*, nos comenta que: «*el hombre consiste en intentar ser lo que puede ser, y esto es lo que llamamos, con un verbo excelente, vivir: la felicidad afecta primariamente al futuro*». Y continúa cuando se dice: «*soy feliz*»; más bien se debería decir: «*estoy siendo feliz*», y en el fondo lo que se quiere decir es: «*voy a ser feliz*».

La sostenibilidad de nuestras ideas se consigue potenciando sus valores y minimizando sus contras. Pero para ello es necesario hacer el ejercicio de autocrítica que permita conocer con lucidez dónde estamos y dónde se quiere estar. En resumen, es necesario una vez más poseer información objetiva, porque aunque parezca que la buscamos no lo hacemos.

Tampoco la componente ética; todo vale mientras nos sirva, solo debemos controlar las motivaciones de un cliente y su evolución natural. ¿Nuestros clientes esperan información real o aquella que les «arrope»? Como ven, la liquidez imperante hace que ya no seamos nosotros los que decidamos qué ofrecemos, o qué comunicamos, sino que son nuestros clientes líquidos y fluctuantes quienes nos orientan y nos dicen qué están dispuestos a comprar. La cuestión es saberlo a tiempo y orientar nuestros «posibles» hacia sus «deseables». Siempre en un cambio continuo.

Serán las percepciones, ya no políticas sino industriales, las que revolucionen la identificación, las que marquen las diferencias en busca de una sociedad que ha trascendido de la subsistencia al consumo. Es esta transformación continua de los significados la que nos ayuda a diferenciarnos unos de otros. El terreno de juego de ese combate de realidades es la mente del cliente según sus patrones y esquemas mentales. Y no olvidemos que el terreno determina el combate.

INFOXICACIÓN

Un fenómeno colindante con los *social* surgido en los últimos años es el género de la propaganda social digital, que se define como la influencia política más o menos encubierta que se ejerce en el uso de las redes sociales.

Todos sabemos que es posible publicar noticias de forma anónima, con un pseudónimo o a través de testaferros. Las redes sociales son un caladero para los políticos y para los profesionales del marketing político que trabajan con objetivos electorales; también son una herramienta de desestabilización política, como se ha probado en Estados Unidos con la injerencia rusa en las elecciones presidenciales, en España alentando el separatismo, o en el sufragio que determinó la salida de Gran Bretaña de la Unión Europea.

Los archivos secretos que Edward Snowden publicó en 2013 revelaron la existencia de un Grupo de Búsqueda e Inteligencia contra Amenazas (Joint Threat Research and Intelligence Group). Esta agrupación, perteneciente a la central de Inteligencia del gobierno británico, trabaja manipulando la Red publicando noticias falsas, falsas acusaciones con sus correspondientes informes de víctimas, encuestas o votaciones *online* inexistentes, todo con un objetivo: la manipulación de la opinión pública. Si bien estos informes salieron a la luz y dejaron al descubierto esta herramienta británica de manipulación social, son ahora los rusos los que están utilizando estos sistemas de propaganda social con la impunidad que permiten las redes sociales, que apenas han comenzado a poner cercos a estas redes de infoxicación y manipulación.

Para nuestros sistemas políticos esta infoxicación resulta relevante porque en las democracias occidentales las elecciones están sujetas a la influencia de los medios y de la propaganda social. La táctica desestabilizadora rusa está clara: cuanto más desunidas estén las democracias occidentales mejor para ellos. La Rusia de Vladímir Putin se ha puesto del lado del autoritarismo de derechas, lo que genera más tensión social. Se conoce –y está demostrada– su participación en el Frente Nacional francés, en la campaña presidencial de Trump, con la AFD Alternativa para Alemania, y con el FPÖ, Partido de La Libertad de Austria. En un editorial publicado por la revista *Newsweek,* se preguntaban si Putin habría colocado a Trump en la Casa Blanca recurriendo al *hackeo* de los correos electrónicos de políticos demócratas e incentivando el apoyo de la plataforma de filtraciones y tramas políticas Wikileaks que extrañamente se convirtieron en defensoras de la candidatura del presidente republicano.

La propaganda social utiliza instrumentos como el *astroturfing*, lo que significa crear la ilusión de un apoyo masivo a una persona o a una iniciativa con el objeto de que se sumen apoyos reales *a posteriori*. Sabemos que la masa ejerce un efecto de atracción, y las redes sociales no son ajenas a esa influencia. Otra estrategia de uso diario es inundar la Red de noticias contradictorias que crean confusión con una variedad de interpretaciones distintas de sucesos reales. Cuando a la realidad y a los hechos ocurridos les sumamos invenciones, falsedades y contradicciones bajo el amparo de las redes, el cóctel en la mente de los usuarios puede ser imprevisible. Así los hechos quedan diluidos en una marea de opiniones, porque entre la «opinión» y la «interpretación de la realidad» existe una zona gris muy difícil de penetrar.

Vivimos en un momento de desconfianza cada vez mayor hacia los medios tradicionales de comunicación, que surte un efecto amplificador: «si se supone que no hay 'ninguna verdad', la mentira propagandística ocupa un lugar con idénticos derechos que la noticia esclarecedora». Es la lucha de tu verdad contra la mía.

El hecho de que cualquier persona tenga la posibilidad de publicar en las redes sociales es lo que se denomina «contraesferas públicas». Hasta hace unos años, el término «opinión pública» representaba una manera global de valorar el estado de la opinión que utilizaban los medios de comunicación. Con estas nuevas reglas de juego, esta «contraopinión pública» se mueve por fuera de las opiniones estructuradas de los medios en manos de grandes corporaciones, o en medios públicos con intereses políticos y comerciales. Los blogs, las cuentas de Twitter, los canales de YouTube y las páginas de Facebook crean una esfera periodística que pone sobre la mesa las opiniones divergentes que se establecen en los medios más tradicionales. Esta información tiene una visión positiva de contraste, pero también sabemos que las redes sociales privilegian el sensacionalismo, la exacerbación y la dramatización, y esto genera una mayor polarización política y emocional de la sociedad. Quizá la conclusión es que en nuestra sociedad, en vez de aplicar una necesaria carga de racionalidad ante este exceso de información, lo que nos está pasando es una radicalización mayor que nos lleva a concluir diciendo que somos una sociedad hiperemocional.

Nuestro futuro está lleno de controversias políticas, sin medios tonos, sin contextualizaciones y sin relativizaciones. Y en ese mundo de agitación mediática, el sensacionalismo de las redes sociales resulta mucho más útil al extremismo que al resto de las fuerzas políticas moderadas. Observando el triunfo de Trump, lleno de extremismos, sabemos que las salidas de tono, la agresividad y las opiniones radicales funcionan mejor en las redes sociales. La democracia está en entredicho.

UNA VIDA MÁS FÁCILMENTE DIFÍCIL

Si hay algo que no podemos hacer en esta nueva dinámica social de las redes sociales es recurrir al engaño, a la mentira, o suponer que podemos controlar lo que puede pasar en la Red. Por eso, la leyenda urbana del alto cargo de una empresa de primer nivel que le exigió a su director de Comunicación «*llama a Google y que borren eso que nos critica y que sale en las búsquedas en primer lugar*» provoca más de una sonrisa. Parece claro que este alto cargo no sabía nada del «efecto Streisand». Bastó que la actriz y cantante intentara que su casa no apareciera en las fotos aéreas de Google e interpusiera una denuncia aludiendo a su privacidad para que se produjera el efecto contrario y se convirtiera en el blanco de todas las miradas.

Nos guste o no, estamos en Internet. Nuestra empresa también, y lo que digan de ella no depende de un sistema de auto-vigilancia, sino de lo que se transmita y en su capacidad para adelantarse y saber responder en tiempo y forma a los comentarios negativos, que los habrá. No por ello hay que rasgarse las vestiduras, ya que ¿por qué nos importan tan poco los fans que hablan bien de nosotros y sí nos preocupamos de los que hablan mal en cualquier foro?

El mundo digital ha cambiado radicalmente la manera en la que los consumidores toman sus decisiones, ha modificado la forma en la que encuentran información y cómo esta es capaz de satisfacer sus intuiciones y deseos iniciales. La cantidad de información, pero sobre todo la facilidad de acceso gracias a los buscadores y a las redes sociales –en especial Twitter– ha transformado la red del «estoy haciendo» al «está pasando».

La generación de nativos digitales ha aprendido a ignorar cualquier dato que no es de su interés absorbiendo más información cada vez en menos tiempo y convirtiéndose en consumidores «multitarea», haciendo del medio algo cada vez más líquido donde flotan las marcas y donde se va navegando de una a otra sin inmutarse.

Todo usuario de Internet está bombardeado de información. Automáticamente, y de forma inconsciente, necesitamos cerrar nuestra percepción para no saturarnos de impactos visuales y cognitivos en un ahorro vital de atención. Junto con la publicidad tradicional, la televisión y el teléfono que suena sin cesar, nos situamos en un estado cerebral llamado «atención parcial continua», que puede ser extremadamente nocivo al generar rechazo.

La consecuencia de esto es visible, porque aunque se publiquen muchos posts en los blogs y foros influyentes, resulta extremadamente complejo captar la atención, dado que sobrevolamos la información sin centrarnos en ella.

Las fuentes crecen de forma exponencial y el trato en la comunidad digital es de tú a tú. Ya no existen diferencias de estatus de conocimiento y las interacciones entre la empresa y los grupos de interés son personalizadas. El conocimiento de esta gestión igualitaria es importante porque a día de hoy nadie lee más de cinco resultados en Google y la información importante se diluye entre otras que lo son menos.

Hasta ahora el proceso tradicional de una venta pasaba por varias etapas en las que había que dar notoriedad a la marca que queríamos vender, y que de esta manera entrara en el rango de las consideradas por los usuarios para convertirse en marca preferente, hasta que finalmente se conseguía vender y alcanzar la lealtad del cliente. En estos momentos, según datos de la consultora Yankelovich, una persona que vive en una ciudad recibe más de 5.000 mensajes publicitarios cada día, cifra tres veces mayor que hace tres años. Trabajar con información no sesgada una notoriedad de marca se vuelve una tarea ingente, la capacidad de una marca para entrar en el «*set* de consideración del consumidor» es cada vez menor y el reto de traspasar sus filtros psicológicos un desafío cada vez más grande.

Casi toda la información necesaria para hacer un buen análisis es de libre acceso y está al alcance de cualquiera. Cierto. Pero solo el análisis, por ahora humano, puede recolectar y tratar la información de la forma adecuada para prestar servicios que garanticen el control del ciclo de la información. Esta afirmación cada vez es menos cierta por el enorme empuje de las nuevas herramientas semánticas para saber qué se dice de nosotros o qué amenazas son las que afectan a nuestros mercados, productos o tecnologías existentes.

EMPRESA DE EMOCIONES

Cada vez es más evidente que en el futuro las necesidades serán satisfechas por empresas que sean capaces de reducir la complejidad de las relaciones con sus clientes. Esto implicará generar relaciones de servicio innovadoras que garanticen las necesidades de seguridad y el cumplimiento legal.

En un mundo en el que tendemos a complicar las relaciones, repleto de sentido y de sentimientos, las respuestas que buscamos apelan tanto al corazón como al cerebro.

Las empresas están al servicio de las personas. Esta consideración obvia a veces no lo es tanto. A menudo se habla de las «marcas emocionales»; si una marca no apela a la emoción es que tampoco llama a la puerta del cerebro, y también lo contrario.

Una marca puede satisfacer una necesidad de experiencia sensorial efímera, incluso de capricho, pero cuando lo hace por una necesidad solamente práctica en apariencia, lo emocional se desencadena simultáneamente, aunque solo sea por el efecto gratificante de haber conseguido solucionar un requerimiento funcional. Las marcas que cumplen su cometido nos producen satisfacción, que es emoción más razón.

Cuando hablamos de emociones como estados previos a la razón –y que han hecho fortuna como concepto, pongamos el caso de «inteligencia emocional» o la «economía emocional»–, a lo que nos referimos en realidad es a los sentimientos, que es en verdad lo que queda de una emoción filtrada por el cerebro.

Algunas teorías otorgan a las emociones –y en cierto modo a la intuición– un gran poder en la toma de decisiones de las personas. Algunas de estas teorías hablan de la parte del cerebro encargada de gestionar las emociones, que es la que realmente toma las decisiones de todo lo que hacemos. La parte racional se limita a justificar racionalmente lo que de forma previa ya hemos decidido. Esto a casi todos nos puede resultar muy familiar; es una justificación *a posteriori* de una decisión tomada *a priori*. Y entonces volvemos a preguntarnos si tomamos la decisión racionalmente y luego nos gusta, entre otras cosas porque es racional, o más bien procuramos justificar algo que nos gusta.

La razón se presenta ante nosotros como una gran herramienta si se dan dos premisas básicas: primero, disponer de toda la información para tomar una decisión, cosa casi imposible, y segundo, disponer del tiempo necesario para poder tomarla, cosa improbable. Por lo tanto, son las emociones las que juegan un papel fundamental en la toma de decisiones, lo que hace que la comunicación en general haya tomado un camino mucho más directo y emocional hacia el consumidor, por mucho que a veces le guiñe el ojo con complicidad y le aporte también argumentos racionales para poder justificarse.

En realidad, cuando hablamos de marcas emocionales nos estamos refiriendo a productos o servicios en los que la diferencia tangible apenas existe en relación a las similares que compiten: son *commodities,* o bien son productos técnicamente comparables en calidad. Solo la parte emotiva de la marca en su conjunto las hace diferentes. Y cuando decimos en su conjunto nos referimos a todos sus aspectos sumados, a su marca gráfica, a cómo nos habla o qué valores transmite.

El sentimiento es el resultado de una emoción a través del cual el consciente tiene acceso al estado anímico propio. Las emociones son polarizaciones que hace nuestra mente de los hechos. La sensibilidad femenina en su reivindicación histórica ha aportado mucho al mundo consumidor, tanto en su faceta de ser otra sensibilidad frente a la dominante masculina, como de la propia exigencia en su nuevo papel social. La mujer no se reprime en sus reivindicaciones, y este nuevo papel se ha traspasado al mundo de las marcas, les ha aportado una nueva lucidez vital, una nueva exigencia. Sentimiento y sentido pragmático de la vida, una forma líquida de enfrentar la vida.

Etimológicamente, el término «emoción» viene del latín *emotĭo, -ōnis*, que significa *«el impulso que induce a la acción»*. En psicología se define como aquel sentimiento o percepción de los elementos y relaciones de la realidad o la imaginación que se expresa físicamente mediante alguna reacción fisiológica, como reacciones faciales o pulso cardíaco, e incluye reacciones de conducta como la alegría, el llanto, el amor o la agresividad. Las emociones son materia de estudio de la psicología, las neurociencias, y más recientemente, de la inteligencia artificial.

En consecuencia, si tan importantes son las emociones en nuestras decisiones vitales, no lo es menos la razón, que las filtra y las conduce. El fenómeno de la sociedad líquida y las marcas que se desarrollan en ella se adaptan a las aspiraciones, demandas y decisiones de los usuarios, y en el empeño de hacerse con estas deben estar. El hiperconsumo, como veremos más adelante, se está readaptando y evolucionando hacia una demanda más racional de las marcas, y a un uso más inteligente de ellas, hacia una revisión de su papel en la nueva sociedad y en los bienes que ofrece.

Si hasta ahora el ideal consumista era el impulso y la parodia de libertad entendida como el tener más pero sentir menos *—no es lo que soy sino lo que tengo—* y eludir los sentimientos en pro de los impulsos emocionales de posesión irracional, desde el relativismo de la sociedad líquida actual se está produciendo otro fenómeno que puede parecer paradójico, pero que sirve para contrapesar el exceso de demanda y oferta gratuita. Un fenómeno que tiene que ver con el consumo responsable y, por ende, con la demanda inteligente. El apunte de que las condiciones cambian antes de que los cambios se consoliden es un hecho perfectamente entendible para el cliente del siglo XXI. ¿Te lo anotas?

CAPÍTULO OCTAVO.
SE PONE EL SOL, SALE EL SOL

#EXPONENCIAL

A que las grandes empresas dejen de ofrecer un producto o una versión del mismo, en el mundo de las tecnologías se le llama *sunset* (puesta de sol), y se trabaja de forma ordenada la transición hacia un nuevo producto *sunrise* (amanecer) para evitar cualquier consecuencia negativa. Podríamos decir que se intenta tirar de un mantel evitando alterar los platos, tarea que os podéis imaginar no es nada fácil. Esto funciona cuando el producto ha dejado de ser utilizado y acaba en el olvido, pero cuando está activo se tiene que trabajar muy bien la transición porque si decides tirar del mantel de forma deliberada, sin trabajar la transición, las consecuencias pueden tener un impacto fatal para la marca.

Teniendo muy presente en el tema que nos compete que las formas de hacer han cambiado considerablemente, pensar que la forma que las empresas tienen para adaptarse a la realidad del siglo XXI pasa solo por dar un giro de 180 grados, poniendo en jaque a toda la organización. Puede que lejos de ayudar a coger el músculo y la resistencia que permitan seguir corriendo maratones haya que limitarse a la carrera que organizan en el barrio. Dejar de hacer lo que se hacía y buscar nuevas formas de hacer sin trabajar una transición ordenada es un suicidio en toda regla. Establecer un buen maridaje pasado-presente buscando proyectar un futuro sólido es fundamental.

Uno de los temas más debatidos en el Foro Económico Mundial es precisamente este, cómo las empresas deben adaptarse a los nuevos entornos cambiantes y complejos. Las organizaciones no están preparadas para adaptarse. Así se ha hecho patente en este foro, donde se ha llegado a la conclusión de que un porcentaje importante de empresas perderá su capacidad competitiva por este hecho.

Como se viene haciendo hincapié a lo largo de este libro, la irrupción de la tecnología ha modificado nuestros hábitos de relación, de comunicación, e incluso nuestros hábitos de consumo «se pone el sol, sale el sol».

Recientemente, Raquel escribía en su blog un artículo que titulaba «Sólido, líquido, ¿#exponencial?», en el que hablaba sobre las organizaciones exponenciales. Organizaciones que son pequeñas y ágiles se suelen aprovechar de la brecha digital (como el caso Gillette, del que hemos hablado en capítulos anteriores) y revolucionan mercados e industrias. Ponía el ejemplo de Airbnb, fundada en 2008 con aproximadamente 5.000 empleados y un valor bursátil cercano a $28B, mientras que Marriott, fundada en 1927, con más de 200.000 empleados, no llega a $17B.

Decía que son organizaciones que se valen de tecnología #EXPONENCIAL para innovar exponencialmente, en un mundo donde la economía ya se ha tornado exponencial.

Pensar que cualquier empresa de las de siempre, por el simple hecho de cambiar su estrategia va a pasar a ser una organización exponencial se me antoja algo difícil, por no decir imposible.

Recientemente oí a Johan Aurik, *Managing Partner and Chairman* de ATkearny, en una ponencia que tuvo lugar en el IESE en la que hablaba de estrategia. Compartía con nosotros datos de lo más reveladores, extraídos de un estudio realizado en su organización, Atkearney, al respecto de la situación social y de mercado que estamos viviendo y su impacto en las organizaciones. El 62% de las empresas dicen que desarrollar una estrategia es bastante más difícil que hace diez años. El 74% de las compañías dedican más tiempo que nunca a desarrollar una estrategia. El ciclo de vida de una estrategia es más corto, 63% menos en dos años. A nivel mundial, el 50% de las estrategias corporativas fallan o no se llegan a implementar.

Lo que más sorprendió es cuando Johan lanzó a la audiencia la gran pregunta: ¿qué valoran más las organizaciones, la estrategia, la agilidad o ambas? Antes de darnos el resultado del estudio y, para sorpresa de todos, estrategia y agilidad están a la par con un 80%. Interesante, ¿no?

¿Significa esto que la estrategia ya no es tan importante?

«Empresas unicornio» (término acuñado en 2013), «empresas exponenciales» (acuñado en 2016), «*start-ups*»… son diferentes palabras que definen el mismo tipo de organizaciones, organizaciones de nueva creación valoradas en más $1B. Uber, Facebook, Xiaomi, Netflix, Alibaba, LinkedIn, Airbnb, Workday, Dropbox, Snapchat o Twitter y un largo etcétera responden a este patrón. Lo veíamos en el ejemplo de Airbnb frente a Marriott: $28B frente a $17B, 5.000 empleados frente a 200.000. ¿Imaginamos que la solución de cualquier empresa tradicional fuese tan sencilla como reducir su plantilla para colocarse a los mismos niveles que sus iguales exponenciales? La pregunta tiene su enjundia. No la formulamos por casualidad.

Una de las consecuencias que producen las épocas de bonanza en las «empresas sale el sol o ¿no?» es que su actividad básica se va rodeando de otra serie de actividades y procesos complementarios que, en aras de mejorar el negocio y la posición, incrementan notablemente la burocracia y alejan a la organización de lo realmente importante, su esencia. Cuando aparecen las épocas de recesión «se pone el sol o ¿no?», normalmente esas estructuras generadas alrededor del negocio no son sostenibles, e inmediatamente se comienzan a tomar medidas drásticas, entre ellas aplicar políticas de reducción de costes.

Aplicar una política de reducción de empleados no tiene por qué tener una connotación negativa. El problema que pueden tener –y de hecho han tenido muchas empresas– es que la reducción de empleados ha sido aplicada sin una clara proyección estratégica, buscando que la cuenta de pérdidas y ganancias tuviese un balance positivo, y en este sentido, en el deseo de eliminar el exceso, no solo se ha eliminado materia grasa, sino que se ha eliminado mucho músculo y materia gris dejando al negocio malherido y con dificultades para continuar.

Sea como fuere, no podemos dejar de compartir un aspecto que por básico se nos olvida en nuestro día a día, y que es extrapolable a cualquier aspecto de nuestras vidas. Las que hemos dado en llamar organizaciones tradicionales aportan el conocimiento profesional que les confiere una dilatada trayectoria y, a cambio, las empresas de nueva creación aportan su conocimiento y su frescura para innovar en una industria asentada. Encontrar un buen «maridaje» entre estos dos elementos será lo que lleve a muchas empresas a jugar en primera división con nuestros personajes mitológicos, los «unicornios».

SOBREVIVIR ES PREGUNTARSE

Una vez más hay que cuestionarse. Volvemos a mencionar la importancia que las Humanidades van a jugar en esta sociedad, y en este caso en las empresas. Personas capaces de hacerse preguntas, de llegar a las razones del porqué de las cosas es clave para comprender los desafíos sociales y empresariales y, teniéndolos en cuenta, determinar el mejor rumbo de sus organizaciones.

Cualquier organización que quiera seguir ocupando un lugar en este mercado tendrá que ser capaz de trabajar en escenarios hipotéticos, en modo pregunta constante: ¿Qué somos? ¿Cómo somos? ¿Como nosotros creemos que somos es como nos ven? ¿Cuál es el *gap*? ¿Cómo lo gestiono? ¿Quiénes son mis competidores? Los competidores de hoy, ¿lo fueron también en el pasado? ¿Qué tengo que hacer para «desposicionarlos»? ¿Quiénes son mis aliados? ¿Cómo puedo trabajar con ellos? Y si me uno a este proveedor, ¿cómo cambia mi valor en el mercado? ¿Tengo la estructura que necesito? Si ocurre esto, ¿qué hacemos? ¿Estará mi empresa preparada para...? ¿Por dónde debo comenzar? ¿Cómo podemos conseguir que nuestra organización sea lo suficientemente abierta, flexible y ágil? ¿Qué iniciativas están acometiendo las empresas para adaptarse a este mundo altamente tecnológico, volátil, incierto, complejo y ambiguo (VUCA)? ¿Sigo anclado en los 1,4 metros? Os invitamos a indagar y descubrir por qué el ancho de las vías de los ferrocarriles de Estados Unidos mide 1,4 metros, medida que por cierto coincide con el ancho de los cuartos traseros de dos caballos.

¿Ya lo sabes? ¿Cuántas organizaciones conoces ancladas en los 1,4 metros?

Los tiempos son otros. El principio de que para sobrevivir es preciso adaptarse al entorno es tan válido para los seres vivos como para las empresas. Solo aquellas que trabajen para entender el entorno, se preparen y se adapten a él sobrevivirán (leyes de Mendel). Ya hemos dicho en varias ocasiones que esto va de ser rápidos y veloces. Es evidente que todas las revoluciones trajeron avances importantes. Si tuviese que destacar algo diferente en la revolución que nos está tocando vivir hoy, es la velocidad a la que se suceden las cosas. Saber hacerse las preguntas correctas en cada momento, encontrar respuestas a las mismas y trabajar el «modo anticipación» es el gran desafío.

Afortunadamente, las organizaciones que hemos dado en llamar tradicionales se están dando cuenta de esta realidad, y por ello se están planteando adoptar las metodologías que dan esa flexibilidad innata a las *startups*. El objetivo es crear productos y servicios de forma más rápida y sencilla, eliminando los ladrones de tiempo, aumentando el *feedback* por parte de todo el equipo, y especialmente de los clientes, favoreciendo una entrega rápida de todos los componentes de la cadena y compartiendo una visión transversal de arriba abajo, desde los altos ejecutivos hasta el becario.

De todo lo expuesto se deduce que el rol que van a jugar los altos ejecutivos, y en particular los CEOs, va a ser crucial. El liderazgo que van a tener que ejercer no es nada trivial.

A estas alturas del combate, todos debemos tener claro que pensar de forma lineal en un mundo en el que todo es #EXPONENCIAL, lejos de ayudarnos nos puede colocar en una situación de difícil retorno. ¿Por qué no llamar a este nuevo estilo de liderazgo «liderazgo exponencial»? Dejo a criterio del lector que defina a su líder exponencial; nosotros definiremos al nuestro.

A nuestro líder exponencial no le debe faltar ninguna de las características de su antecesor: íntegro, generador de confianza, capaz de influenciar, buen comunicador, servicial, sustentador, referente para su equipo, empático, flexible... Nuestro líder tiene que tener un pensamiento exponencial y no lineal. Si hemos hablado de que un buen maridaje entre empresas tradicionales y las nuevas empresas, el que nuestro líder sepa gestionar la diversidad será un plus, sea esta generacional, de cultura o de género.

La diversidad enriquece a los equipos y los hace más eficaces. Tendrá que ejercer un liderazgo «situacional» pues cada situación, cada momento, requerirá el suyo, con un claro foco en el cliente y en el empleado. No podemos dejar de compartir un dato que por alarmante hace que el rol del líder sea fundamental: el grado de desvinculación de los empleados ha alcanzado su punto más alto colocándose en cifras del 70%. Preocupante, ¿no?

Sobre el papel puede parecer fácil, pero este liderazgo exponencial al que nos referimos, ese liderazgo genuino es difícil de encontrar en entornos comerciales tumultuosos y con presiones financieras crecientes. Ahora se entiende por qué a nuestro líder hemos dado en llamarle exponencial, porque la labor que tiene que realizar es muy grande, exponencial, como forma de decir que necesitamos súper líderes y no líderes del tres al cuarto (los llamados jefes en el siglo XX).

Y no podemos olvidarnos de nuestro cliente, que es nuestra razón de ser. La atención centrada en el cliente, y la lealtad también, son objetivos destacados que no se deben olvidar. ¿Quién, a día de hoy, es capaz de argumentar que clientes embajadores de una marca no son buenos para las empresas? El efecto lealtad nunca estuvo tan valorado. Detrás de él se oculta la razón de ser de muchas empresas, su crecimiento, sus beneficios y su longevidad. Lo importante para cualquier organización es tener clientes rentables que permanezcan mucho tiempo con la empresa. Todos tenemos claro que la batalla se desarrolla en la mente de los clientes, en trabajar las percepciones. ¿Qué percepción tienen los clientes de nosotros? ¿Cómo nos percibe el mercado? Un marca no es lo que nosotros, como gestores e integrantes de un empresa pensamos que es, sino cómo nos ven nuestros clientes y el mercado en general. Como ya comentamos, la orientación al cliente no es negociable.

El poder del boca a boca es como gasolina al fuego. En nosotros está realizar una buena gestión buscando sacar el máximo beneficio.

Hagamos un barrido en nuestra vida personal y pensemos por un momento ¿a qué productos y servicios les somos leales? Leales por voluntad y no por imposición. No es una pregunta fácil. Requiere un tiempo reflexionar sobre ella. Lo ideal es hacer una lista de todas esas situaciones en las que nos sentimos clientes, escribir las marcas, firmas y organizaciones a las que estamos vinculados, y después bajar a nivel de productos y servicios. Si se hace bien saldrá una lista enorme; nosotros, cuando la hicimos, no podíamos dar crédito. Lo interesante, por no decir alarmante, es lo conscientes que fuimos de nuestra baja lealtad (nos gusta utilizar más la palabra lealtad que fidelidad). No llegaba al 15%. La pregunta es ¿sabe ese 15% de empresas que les estamos siendo leales con ciertos productos/servicios? Nos atrevemos a decir que no.

Es verdad que es difícil medir la lealtad, pero no es imposible. Todas las organizaciones deberían ser capaces de poder definir qué es para ellos la lealtad y cómo medirla. Quizá debamos mirar a nuestro cliente y hacerle partícipe de esa definición. ¿Conocéis alguna campaña de marketing que tenga mejor resultado que el poder que tienen tus clientes de influenciar a otros?

En nuestra experiencia de más de veinticinco años comercializando productos y servicios en el ámbito de las Tecnologías de la Información (TIC) nos hemos encontrado con diferentes sabores. Los que podríamos llamar productos tangibles (el cliente los puede ver, los puede tocar, tienen forma...) y los que daríamos en llamar productos intangibles (soluciones, servicios, aplicaciones *software*...) Para este segundo grupo, que es con el que nos toca trabajar, siempre decimos que vendemos una ilusión, el cliente tiene que hacer un acto de fe. A captar los potenciales clientes puede ayudarnos la lealtad del cliente antiguo para hacer más cercana la realidad de lo que van a comprar.

FOCO

Si trabajas en empresas multinacionales de nicho, cuyos volúmenes de facturación en España no superan los 10M de euros y pertenecen a ese segundo grupo de productos intangibles, desde nuestra experiencia aconsejamos que trabajar la lealtad de los clientes tratándolos con total confianza, utilizando una política de libros abiertos, de cercanía, ejerciendo con ellos el concepto de hiperservicio y servificación del que ya hemos hablado en este libro, da buenos resultados, merece la pena. En los momentos más duros de la crisis pasada a nosotros nos iba estupendamente, éramos la envidia de todos nuestros competidores. Sentíamos que otros nos seguían y eso creaba un sentimiento en todos nosotros de ser auténticos ganadores.

Los clientes leales se convierten en prescriptores, en embajadores, y eso se transforma en nuestro mayor activo. El precio pierde tracción, es importante pero no tan importante. Buscamos dormir tranquilos, y para eso estamos dispuestos a pagar un poquito más. Entrar en una política de bajos precios solo está al alcance de las empresas que pueden jugar con economías de escala. Si nuestra empresa no lo puede hacer, más vale que trabajemos la diferenciación y la lealtad. Además, una fidelidad alta por parte de nuestros clientes también supone una barrera de entrada para los competidores. No olvidaré las palabras de nuestro CEO; él venía de gran empresa, su nivel de contactos era importante. El primer ejercicio que hizo fue saber sobre nosotros, cómo nos percibía el mercado. Hablando con una persona que había trabajado como directora general en una organización competencia de la nuestra y con una marca mucho más conocida a nivel mundial, infinitamente mayor que nosotros, lo que le dijo sobre nosotros fue: «*Mira que sois pequeños y el daño que nos hacéis. Una vez entráis en un cliente, no hay quien os saque*».

Como podéis adivinar todo son ventajas. No somos conscientes del valor que la lealtad tiene en nuestras empresas hasta que no vemos los resultados. Trabajar el que nuestros clientes sean embajadores de nuestra marca es un activo estratégico. ¿Cómo medimos la temperatura de los clientes? ¿Sinceramente pensamos que una simple encuesta nos puede dar la información que precisemos? La respuesta es no.

En un mundo donde las empresas no tienen un camino claro, una forma de prosperar es poner un foco y buscar nichos de mercado, micronichos, brechas digitales. Es posible ser rentable y ganar dinero vendiendo a un círculo restringido de clientes dispuestos a pagar más por recibir valor que ir a todo el mercado, ganar en economías de escala, facturaciones altas pero márgenes pequeños. Ya lo señalábamos: hacer buen uso de la Historia nos puede ayudar a definir el presente y proyectar el futuro. ¿Qué prefieres ser latifundista o minifundista? Hay que convencerse de que esto no va de cantidad sino de calidad, máxime en la «sociedad de la abundancia» en la que estamos. Es mejor tener poco y bueno que mucho en el medio.

Como el lector puede imaginar, hablar de este tema daría para un libro entero, pero nuestro objetivo es generar la curiosidad, y valgan estas pinceladas para indagar sobre muchos aspectos. Esto no es hacerse trampas, ni mentir, esto es un asunto de viabilidad, de estar o no estar. Como dirían los americanos, *«food for thought»*.

FAN CLUB

Si nos vamos al mundo de Internet vemos dos figuras que hay que cuidar exactamente igual: el cliente y el fan, y no se puede poner atención en ellos de la misma forma. Al cliente hay que llamar su atención, el fan viene él solo; al cliente hay que convencerlo, al fan hay que seducirlo; un fan quiere saber más, al cliente hay que hacerle llegar el mensaje. En definitiva, el cliente nos valora y el fan nos promociona y nos quiere.

Con la proliferación de las tecnologías de la información y de la comunicación, las marcas son más accesibles que nunca y están más expuestas a la observación y a la crítica que en cualquier otro tiempo. El cliente no solo accede y tiene un mayor control de la información, sino que fabrica la suya, actuando sobre la calidad y los contenidos de esta última. Aparece el fenómeno, ya citado, del *prosumer*: el usuario que es consumidor, productor, consultor, *beta tester* y embajador de marca. Toda una tipología social nueva.

Este concepto de «prosumer» fue definido en 1980 por Alvin y Heidi Toffler en sus obras *La tercera ola* y *El shock del futuro,* donde llamaron la atención sobre la universalidad y la aceleración del cambio de la sociedad postindustrial. Concretamente, en *La tercera ola* es donde destacaba el autor que en la sociedad del conocimiento aparecería la figura del *prosumer* o prosumidor, como hemos dicho, consumidor a la vez que productor: *«una enorme economía oculta, en la que se produce una cantidad de economía no detectada, no calculada y no remunerada. Es la economía 'prosumera' no monetaria».* Albert Culleré definía en su artículo «Consumo, prosumo y marca» que *«la sociedad que se está prefigurando apunta hacia la descentralización de los gobiernos, de las empresas y de los medios energéticos. Esta visión a vuelo de pájaro no oculta otros hechos indiscutibles que ya ocurren, diversos y contradictorios, pero que conviven».*

El «prosumo» se ha acelerado en los últimos años, gracias a que los medios técnicos colaborativos para producir contenidos no necesitan ya de unos conocimientos específicos, ni de un conglomerado empresarial que los lleve hasta los usuarios. El blog es el más extremo de sus ejemplos.

Comprende aspectos tan dispares como lo que se hace, tanto para consumo propio como para los demás. Es esta producción de contenidos sin beneficio aparente la que permite introducir una amplia diversidad de matices e incluso sesgos que los relativizan, a diferencia de las fuentes clásicas que imponía la autoridad.

El caso de los *wikis*, y su paradigma con la enciclopedia Wikipedia, muestra las nuevas formas de clasificación de la información a través del uso de las *folcsonomías*, un neologismo que denota la categorización colaborativa por medio de etiquetas simples o palabras claves, tan importantes para los expertos en SEO, en contraposición con la taxonomía, basada en un sistema de tipo jerárquico o mediante facetas para categorizar o clasificar.

La idea de que en muchos proyectos de Internet no se sabe dónde está el dinero es un factor más de trabajo de la sociedad líquida. Los cambios son tan rápidos que en ocasiones simplemente se comienza con un proyecto de éxito y después se rentabiliza. Lo cierto es que si el producto es bueno, si cubre una necesidad, al final la rentabilidad llegará.

Muchas de las ideas que ahora son empresas y marcas millonarias partieron de una actitud de los «clubs de fans», como YouTube. En 2005, Chad Hurley, Steve Chen y Jaweb Karim fundaron la empresa y crearon una de las marcas más reconocidas del mundo, pero en ese momento no tenían un plan estratégico, ni siquiera una idea de negocio. Simplemente nació de la frustración de no poder pasarse entre ellos el vídeo de una fiesta, que era demasiado pesado para hacerlo por correo electrónico. Ahora YouTube mueve más del 12% de tráfico en la Red y Google pagó por ella, solo un año después de que se creara y de que el famoso buscador fracasara con su Google Video, la friolera de 1.300 millones de euros.

Antes no había fans de un medio, pero la irrupción de los *smartphones* los ha creado. La variedad de funciones de los dispositivos móviles fideliza a los usuarios con las marcas de *smartphone* mucho más que con los proveedores de contenidos. El ejemplo más claro es iPhone versus Android. No es algo nuevo; en el segmento de los videojuegos ha existido una rivalidad histórica entre seguidores de diferentes plataformas que utilizaban los contenidos como herramienta de prestigio de la marca a la que seguían. Esta actitud hará más importante que nunca, si cabe, la elección del medio en el que estará la marca porque nos hará escoger un bando, y al otro eso no le va a gustar.

CIFRAS Y REDES

El mundo está habitado por 7.500 millones de personas, con 8.000 millones de móviles activos, donde 3.700 millones tienen Internet y en redes sociales hay 2.700 millones de usuarios.

Actualmente ya hay más de 2.700 millones de usuarios de redes sociales, con una media de 250 contactos cada uno. Según el informe «Social Network Around The World», realizado por InSites sobre una muestra de 2.884 consumidores que participaron en esta encuesta *online* en catorce países, desde Bélgica, Holanda, el Reino Unido, Francia, Alemania, España, Italia, Portugal, Brasil, Estados Unidos, Australia, Rumanía, Rusia y China, Europa del Este y Asia son las zonas del planeta donde menor cantidad de usuarios conectados a las redes sociales existe. Por el contrario –y aunque el dato sorprenda– Brasil es el país donde mayor uso se le da a estas páginas: un 95% de los internautas brasileños las utilizan, siendo la red social Orkut de Google la predominante en ese país.

La media de redes sociales utilizadas por usuario son Facebook, el 79%; Instagram, 32%; Pinterest, 31%; LinkedIn, 29% y Twitter con 24%. Queda claro que las estadísticas son globales.

Sin embargo, si las redes sociales principales se están reduciendo –y es cada vez más difícil ver nuevas propuestas de éxito– las redes afluentes que hacen desembocar su información en el caudal de las principales surgen y se desarrollan rápidamente. Como medios ya evolucionados con casi una década a sus espaldas, estamos asistiendo a la especialización de las mismas. Como en el caso de la TDT, que prometía una mayor variedad de canales temáticos, las redes sociales que triunfan son las que se especializan en un aspecto (especialización, nicho, micronicho ¿nos suena?) Es el caso de Instagram o TMBLR. La primera de ellas es una red social para compartir fotografías con la posibilidad de editarlas con una serie de filtros predefinidos, y la segunda representa el verdadero despegue del *microblogging*. Tanto es así que ya cuenta con 27 millones de microblogs registrados, superando incluso a Wordpress. Ambas han logrado difusión y crecimiento gracias a la posibilidad de, además de en sus medios, publicar automáticamente las novedades en los perfiles de Twitter y Facebook de los usuarios.

De hecho, se constata que el panorama de los medios sociales está evolucionando con propuestas complementarias a las principales, y un usuario ya no es miembro de una red social sino que va completando espacios de su identidad digital con diferentes servicios a los que luego le cuesta mucho traicionar, incluso cuando una red principal como Facebook quiere captar ese espacio.

En cuanto a conexiones diarias, las redes sociales horizontales destacan por presentar una media de tres conexiones al día por usuario. No sucede lo mismo con las redes sociales verticales de ámbito profesional, donde la media de conexión se sitúa en nueve por mes y por usuario registrado.

Obviamente, el enfoque y el cometido de estas últimas difieren bastante de las otras.

Se calcula que las compañías asentadas en los *Social Media* venden un 25% más, mientras que las que no aprovechan las posibilidades de las herramientas *online* venden un 6% menos. En la actualidad, el 85% de las 100 compañías globales del *ranking* de Fortune están usando al menos una red social como Facebook, Twitter, YouTube y blogs corporativos como parte de sus estrategias de comunicación. Son canales gracias a los cuales la empresa consigue una audiencia propia, un *feedback* casi inmediato con el *target* de la marca y una identidad digital.

Lo cierto es que las grandes compañías que tienen negocios asentados no pueden permitirse el lujo de estar fuera de las nuevas realidades. Nótese que no hablamos de tendencias o modas sino de realidades, pero tampoco van a ser las abanderadas las primeras en marcar el paso; por el contrario, son las compañías que no venden de otra manera las que serán más arriesgadas e innovadoras buscando esas nuevas formas.

Es así como surgió el «meta medio», que no es Internet en sí, ya que eso es el ecosistema, y otros son los que se encargan de agrupar toda la información disponible y servirla adecuadamente al público. Es una consecuencia lógica de la evolución de la tecnología y la eficacia de la información, en la que medios tradicionales, como la televisión o la radio, no desaparecen, sino que simplemente mutan. Ya hemos hablado de ellos, como Netflix o los *podcasts*.

HÁGALO USTED MISMO

No se trata solo de generar contenido en Internet; está también plasmado en el «*do it yourself*» de los cajeros automáticos, las gasolineras del «sírvase usted mismo», y el «cóbrese usted» de los supermercados. Los muebles IKEA con necesidad de montaje casero son otro ejemplo, o la compra digital de entradas y viajes. Son actividades «prosumistas» que afectan económicamente a muchos sectores, tanto de forma positiva como negativa, y si no que se lo digan a la industria del ocio. Y es que este nuevo consumo sin intermediarios tiene mucho que ver con el deseo, con el ansia de la sociedad por acceder al lujo en contraposición a la tendencia al «*low cost*» del mundo digital.

La tecnología intangible del autoservicio se ha extendido convirtiéndose en un vendedor silencioso, y ha aportado al mercado nuevos diseños tecnológicos. El sector de la distribución ha sido paradigma de esta evolución de los clientes. Las nuevas tecnologías han generado un nuevo escenario en las actividades distributivas que han modificado, en mayor o menor medida, las políticas desarrolladas de estos negocios. Nuevas cajas registradoras, sistemas de lectura óptica, balanzas electrónicas que nos pesan y etiquetan la fruta, y hasta han dado el salto a Internet en el más puro B2C. De sector receptor en materia tecnológica, incluso se ha convertido en un sector impulsor que ha exportado sistemas y metodologías, y hasta términos lingüísticos, a otros sectores como los supermercados del arte, las tiendas financieras o el *merchandising*.

La siguiente frontera es Internet, que aún como canal de compra de productos de alimentación sigue siendo poco utilizado en España, con gran impacto en el segmento de población entre veinte y treinta y cinco años, los «*millennials*».

Al igual que el *prosumer* se diferencia del consumidor por su actitud activa y autodidacta, las marcas deben adquirir una dimensión activa y participativa. La marca se brinda así al cliente, que la adopta y la hace suya, y al mismo tiempo es utilizada por este último. Lograr más visibilidad con menores costes, eso es lo que se les promete a muchas marcas desde los nuevos medios digitales. Pero ¿es verdad? Recordemos, cada día una persona recibe miles de impactos comunicativos. El resultado es que la mayoría de ellos ni siquiera serán procesados por su mente. Simplemente los olvidará; no nos cabe tanta información.

Entre las actividades más destacadas que realizan los usuarios en las redes sociales se encuentran aspectos comunes como el envío de mensajes, o conversaciones en los cambios de estado con los contactos, pero gana especial importancia la incorporación a páginas y a grupos, aspecto muy relacionado con técnicas de *social media marketing*, para muchos un OMNI, un objeto de marketing no identificado.

Tradicionalmente, cuando pensamos en innovación nos viene a la mente el ingeniero con bata blanca creando la última máquina o dispositivo que va a cambiar el mundo, pero durante los últimos años es un factor tan importante, o más, en el sector servicios donde cada vez es más habitual plantear estrategias de innovación, competitividad o I+D sobre actividades de comercio.

Esta innovación nos puede ayudar a combatir otro de los problemas a los que se enfrenta una empresa y su cliente. Y es que el cliente no está ya frente a un pelotón de fusilamiento que le lanza sus mensajes; ahora recibe estos desde cualquier lado. Está en el centro de una esfera que él mismo ha creado, lo que hace que ignore la mayor parte de ellos.

INTELIGENCIA

La inteligencia aplicada a las empresas puede entenderse como el control y la protección de la información estratégica pertinente para incrementar la competitividad, su seguridad y el refuerzo de la influencia, y también como uso del conocimiento. A menudo hay empresas que contratan servicios de inteligencia económica para aplicarla a diversos ámbitos: competitivo, social o estratégico, pero solo para un momento puntual, por ejemplo el desembarco en un nuevo país y la búsqueda de un socio local. Buscan lo que llamamos «información Bond» desde el «Síndrome Universal Exports». Otras tantas se interesan en estos servicios por percepción o tienen la intuición de que algo necesitan, y si gusta, mejor, sin ningún criterio objetivo definido, sin saber qué quieren porque no saben quiénes son. El no efectuar un análisis previo, es decir, una auditoría de necesidades lúcida y honesta sobre sí mismos, resta ya de entrada el 60% de la eficacia a la monitorización. Porque difícilmente encontraremos algo si no sabemos qué buscamos.

Y la monitorización en general es buena porque ofrece ventajas competitivas. La primera es el control del entorno, cada vez es más cambiante y requiere de un seguimiento mayor. Lo importante no es tener la información, sino tenerla en la forma y la fecha adecuadas para reaccionar primero. La segunda es la generación de eficiencias de trabajo, que es el seguimiento continuo que permite ir mejorando y profundizando en los diferentes sistemas de vigilancia, pudiendo establecer sistemas de alerta temprana y focalizarse en aquellos aspectos de mayor interés o mayor riesgo. Y en tercer y último lugar, la reducción de costes en relación a la calidad obtenida, que además permite con un menor esfuerzo económico puntual recoger mejores frutos a medio plazo. Por ejemplo, si hacemos un único informe de vigilancia de doscientas fuentes de información podremos tener una buena base. Sin embargo, si hacemos cuatro informes de cincuenta fuentes de información, seguramente, solo por el mero hecho de haber testado y contrastado las fuentes en el tiempo, es más que posible que, además de haber controlado un periodo de tiempo mayor, podamos discernir entre fuentes primarias y secundarias de información, y detectemos el nacimiento de nuevas fuentes y la muerte de otras.

La monitorización, el seguimiento, el sistema de alertas y el análisis de información son los auténticos valores de la inteligencia económica. No está en esa información que nos provee el inspector Gadget de turno en un momento dado. Y no está ahí porque esa información no se puede contrastar con facilidad, porque no se puede trazar con facilidad, porque deja muchas dudas sobre la fiabilidad, y un larguísimo etcétera de peros que podríamos encontrar al respecto. Monitorizar permite controlar el entorno, el mercado, el nicho, sí, pero también permite controlar la propia información porque genera un histórico de la misma. Posibilita, en suma, tener información sobre la propia información. Y este es un valor fundamental para las empresas que puede obtenerse desde la metodología de inteligencia económica aplicada a la gestión de marcas.

En los entornos internacionales de un mercado global, la información y su uso es crucial para el fortalecimiento de la identidad y de las estrategias de los actores relevantes para las empresas y los estados. La inteligencia económica de las organizaciones sirve para gestionar y proteger la información relevante y estratégica, así como los conocimientos y las políticas públicas o privadas de influencia o contra-influencia, donde no podemos obviar los aspectos de la protección, la identificación y la trazabilidad de los productos y servicios, en todos y cada uno de los mercados en la lucha contra la falsificación, y la no contribución de tasas de productos fuera de los circuitos legales. La protección de nuestras marcas debe ser un tema de Estado.

El Estado y las empresas, desde sus organizaciones deben garantizar, sin duda, la seguridad pública y la seguridad de la economía, que puede ser atacada en sus infraestructuras críticas o en el patrimonio de sus empresas, sus marcas y sus bienes, y verse por tanto condenada a un descuelgue de los mercados más atractivos si carece de servicios de inteligencia sobre los sectores, conocimientos y tecnologías estratégicas.

Los servicios que la inteligencia puede prestar son múltiples y diversos, y van desde su aplicación puntual a los servicios generales en las tomas de decisión, bien sobre la protección al informar de las tendencias y producción real, como patentes, recaudación, volumen de mercado, investigaciones, buenas prácticas, competidores, internalización y oportunidades, bien para controlar los productos fabricados y su recaudación a través del conteo, sellado o marcado individual de cada producto en el punto de fabricación, y para su posterior identificación y pago de las correspondientes tasas e impuestos aplicados por las normas y las leyes de cada Estado. También para identificar productos desde el lugar de fabricación a través de la cadena de distribución hasta el punto de venta, con el objetivo de legitimar el origen y suprimir tanto la producción ilegal como la venta de falsificaciones, o bien solucionar el seguimiento y la trazabilidad a lo largo de toda la cadena de suministro. Apoyar a empresas y sectores estratégicos, y en especial a aquellos con más capacidad exportadora o prioritarios para el desarrollo económico, es otro de los servicios que la inteligencia presta, así como la protección de los conocimientos, producción y tecnologías de la industria, sin olvidar la colaboración mediante las prácticas y el conocimiento adecuados en la protección de los intangibles.

Casi toda la información necesaria para realizar un análisis de inteligencia es de libre acceso y está al alcance de cualquiera. Cierto. Pero solo el análisis, por ahora humano, puede recolectar y tratar la información de la forma adecuada para prestar servicios que garanticen el control del ciclo de la información. Aunque esta afirmación es cada vez menos cierta por el enorme empuje de las nuevas herramientas semánticas. Debemos saber qué se dice de nosotros o qué amenazas son las que afectan a nuestros mercados, productos o tecnologías existentes. Prevenir ataques que se producen para robar datos o manipular nuestros sistemas es clave en la gestión de las marcas, no ya del futuro y sí del presente inmediato.

Cada vez es más evidente que las necesidades en el futuro serán satisfechas por empresas que sean capaces de reducir la complejidad, lo que implicará generar relaciones de servicio innovadoras que garanticen sus necesidades de seguridad y cumplimiento legal; traducido al lenguaje político hablamos de un reto básico, que es extender el concepto de «gobernanza de la seguridad económica» en el que podemos analizar la situación, por ejemplo de los ayuntamientos en el ámbito local, para poder actuar en consecuencia según dicha información, y que presenta muchos puntos de conexión con las empresas en su empeño por la responsabilidad social corporativa, energética y de la transparencia de la gestión. Necesitamos, en fin, un sistema monobloque de generación de seguridad económica estatal basado en flujos de información que permitan potenciar acciones de influencia, *softpower*, generación de sinergias y alianzas que nos hagan más estables. Uf, la cosa se complica, ¿verdad?

CAPÍTULO NOVENO.
CONTACT CENTER

¿QUÉ ES UN CALL/CONTACT CENTER?

Ring, ring, ring.

Gestora: *Buenos días, me llamo Guillermina Oscos, ¿en qué puedo ayudarle?*

Cliente: *Guillermina, llamo en relación a mi factura de gas, he visto que me habéis imputado la totalidad del año en el servicio de gas básico cuando en la anterior aparecía solo una mensualidad.*

Gestora: *¿Ha causado usted baja de los servicios? Tiene que saber que para causar baja en un servicio de este tipo tiene que llamar con 15 de días de antelación. Le informo de que su servicio vence en marzo de 2019.*

Cliente: *Sí, he causado baja, pero desconocía que esto fuese así. ¿Puede por favor corroborar que esto es cierto? Precisamente una persona de su organización me ha informado de que podía llamar a este teléfono para solicitar la información.*

Música en espera: *Lalalalalalalalalala.*

Gestora: *Hola, aquí estoy de nuevo. Me informan de que las condiciones son las que le he indicado. En cualquier caso, y con independencia de que se haya dado de baja en el resto de los servicios, puede seguir gozando de este con nosotros hasta su finalización.*

Cliente: *Guillermina, perdone, pero me informé antes de proceder con la baja, y la información que me pasaron no es la que usted me transmite. Siento que ustedes no están alineados. ¿Me puede pasar con un supervisor?*

Gestor: *Sí, espere un momento, le intento pasar.*

Los *call/contact centers* son estructuras organizativas dentro de las empresas que se dedican a gestionar la relación *con los clientes a través de canales no presenciales: teléfono, email*, mensajería instantánea, *chat* y redes sociales. En general cualquier canal que utilice el cliente para ponerse en contacto con las empresas u organizaciones.

¿*Call center* o *contact center*?, ¿qué diferencias hay entre ellos? Podríamos limitarnos a contestar que el *contact center* ha sido la evolución natural del *call center* (en el pasado, el único canal no presencial existente) y al alcance de la mano de todos estaba el teléfono. Actualmente, y sobre todo con la llegada de Internet y la democratización de la tecnología, los mecanismos o vías que utilizan los clientes para ponerse en contacto con las empresas han cambiado, y los *call centers* han tenido que adaptarse a esta nueva realidad, pasando a ser llamados *contact centers* buscando transmitir que estas estructuras organizativas pueden gestionar otro tipo de canales además del telefónico.

Dentro de este nuevo contexto de atención y soporte, donde se han ido incorporando una serie de mejoras y posibilidades que antes no se tenían, y donde los recursos humanos, además de atender llamadas telefónicas han de atender otras formas de contacto, se han acuñado diferentes términos que lo definen, siendo el más conocido el de *contact center*, que no viene a ser más que una evolución del *call center* en beneficio de la unificación de todos los canales de comunicación que una empresa o entidad ofrece a sus clientes, socios, pacientes, ciudadanos, etc.

Estamos refiriéndonos a contactos de voz, *email*, mensajería instantánea, sesiones de colaboración Web, *chats*, «*click to call*» de vídeo, redes sociales y de lo que esté por llegar… En definitiva, todos los puentes de comunicación que un cliente utilice para ponerse en contacto con su proveedor.

Todo este contexto, que nos lleva a gestionar múltiples canales de comunicación, tiene como denominador común hacer frente a los nuevos modelos de negocio basados en el servicio al cliente y en la generación de valor para la empresa, pero a la vez tiene que estar preparado para responder a las necesidades que vayan surgiendo, tanto a nivel tecnológico, de procesos internos o de los clientes, los cuales piden cada vez más y son más.

¿POR QUÉ LOS CONTACT CENTERS SON TAN IMPORTANTES?

Los *contact centers* son una respuesta a una demanda de mercado en un mundo en continuos cambios. Los consumidores no tienen tiempo ni desean desplazarse para hacer cualquier compra o gestión. La tecnología permite que una empresa contacte con sus clientes en cualquier momento, en cualquier lugar y desde cualquier dispositivo, y es precisamente esta tecnología la base sobre la que se crean los *contact centers*.

Estas estructuras han tomado un papel protagonista en la economía global. El escenario de las relaciones con los clientes está experimentando profundas transformaciones provocadas por una amplia diversidad de factores. Por el lado de la oferta son bien conocidos, entre otros, fenómenos como la globalización de la economía, y por el lado de la demanda nos encontramos con clientes más ilustrados, mayor grado de sofisticación de sus necesidades, cambios en sus patrones de consumo y comportamiento, cuestionamiento de su fidelidad tradicional y posibilidad de acceder a las entidades por múltiples puntos de contacto. Ante esto, las empresas, en muchos casos, como se ha comentado a lo largo de este libro, se replantean su modelo de gestión y relación con el cliente. No podemos olvidar aquí que la perspectiva tecnológica se torna un componente básico a tener en cuenta en este escenario. Lo que las empresas buscan es ofrecer el mejor servicio por múltiples medios de comunicación: soporte multicanal, 24 horas al día, 7 días por semana y todos los días del año, ofreciendo servicios consistentes y personalizados a los clientes según el conocimiento que tienen de los mismos. En una palabra, se busca la «diferenciación».

Un *contact center* generalmente forma parte de la gestión de las relaciones con los clientes de una empresa, la puerta de entrada, en definitiva, la imagen de marca de cualquier organización. No tenerlo en cuenta nos puede pasar factura.

Las disrupciones tecnológicas a las que se hacía mención anteriormente no han dejado indiferente a esta industria, que en las últimas décadas ha tenido que adaptarse a las nuevas realidades. La globalización, el abaratamiento de las comunicaciones y el crecimiento de Internet durante los años noventa trajeron consigo un cliente más propenso al uso de canales no presenciales, provocando la eclosión de los entonces llamados *call centers*. Desde entonces esta industria no ha parado de evolucionar buscando dar respuesta a la nueva realidad.

CustomerServ estima que el mercado general de *contact center*s a nivel mundial ronda los 200 mil millones de dólares en ingresos. Para el año 2022 se espera que el mercado global alcance los 407 mil millones de dólares, según las predicciones de la firma de inteligencia empresarial Global Industry Analysts. Si bien la investigación no proporciona una imagen completa, quedémonos con este dato:

en menos de cinco años esta industria puede duplicar su nivel de facturación.

Utilicemos un ejemplo para hacer más evidente este hecho: en el sector financiero, solo en España el número de sucursales bancarias se ha visto reducido en un 40%. Si en el año 2008 había alrededor de 48 mil oficinas, a día de hoy la cifra no llega a las 28 mil. La población sigue siendo la misma, y muy probablemente los niveles de atención que las personas requieran no hayan disminuido. ¿Cuáles han sido los departamentos de las empresas que han absorbido esa atención? Los *contact centers*. Invitamos a pensar en cualquier otra industria y hacer un ejercicio similar. Se puede llegar a decir que el crecimiento de esta industria es comparable al crecimiento que está teniendo el sector servicios como consecuencia de la adopción de las nuevas tecnologías en el mundo laboral. No es casualidad que en la mayor parte de los países desarrollados la mayoría de los empleos los genere el sector servicios y tampoco es casualidad que los *contact centers* están enmarcados dentro de este sector de actividad.

UNA NUEVA TECNOLOGÍA ESTÁ AQUÍ

La perspectiva tecnológica se torna un componente básico a tener en cuenta en este escenario. La implantación de herramientas para mejorar la productividad y la satisfacción de los operadores/agentes y ofrecer servicios homogéneos a clientes, independientemente de la persona que los atiende en el centro de relaciones con el cliente, se torna vital y va a jugar un papel fundamental en esa tan buscada diferenciación.

Existe una curiosa relación entre la historia de los *contact centers* y la de los sistemas informáticos; no en vano la tecnología ha ido evolucionando para posibilitar las continuas exigencias de esta industria, pero también es verdad que dicha tecnología ha influenciado mucho a las propias estructuras organizativas de las empresas.

Eficiencia, productividad, coherencia, información son algunos de los adjetivos que producen una auténtica revolución en el modelo operativo de estos departamentos en aspectos tan importantes como la integración de voz y datos, IVR (Interactive Voice Response), enrutamiento inteligente, integración con aplicaciones corporativas en una primera fase, y más tarde la «cola universal» y la multicanalidad con la llegada de los nuevos canales. No obstante, hay que señalar que, a pesar de tratarse de tecnologías con más de veinticinco años, a los conocedores de este mundo nos sigue sorprendiendo todo lo que hay por hacer.

¿Quién no se ha visto en situaciones en las que al ponerse en contacto con un proveedor a través del bien conocido sistema automático (IVR) le piden un conjunto de datos, y cuando la llamada cae en un gestor, este le vuelve a pedir la misma información? Pues bien, a estas cosas nos referimos cuando decimos que hay mucho por hacer. Y precisamente la intención de este capítulo es abrirle los ojos al lector y hacerle ver que el diablo está en los detalles y que pequeñas inversiones bien enfocadas pueden tener un impacto positivo en la cuenta de resultados.

Volviendo al caso anterior, el hecho de que el cliente tenga que repetir la información y que el gestor la procese, ¿qué puede suponer?, ¿entre 20 y 30 segundos? Esto, multiplicado por miles y miles de llamadas al día, significa que estamos malgastando un tiempo valiosísimo si sumamos a lo anterior el impacto no cuantitativo que tiene este hecho en el cliente.

Muchas veces, la inercia del mercado nos lleva a abordar proyectos tecnológicos que fracasan por el simple hecho de no tener resueltos los aspectos básicos.

Imagínense, en esta embriaguez por el uso de redes sociales, iniciamos un proyecto nuevo buscando dar solución a este nuevo canal de comunicación cuando el canal aún más utilizado, el telefónico, hace aguas. ¿No piensan ustedes que el hecho de no tener bien resuelto el canal de voz puede ser el causante de que nuestra marca no esté sonando mucho en las redes? A este tipo de cosas nos referimos cuando hablamos de la importancia de resolver aspectos básicos.

Otro aspecto que por importante no podemos dejar de mencionar es que, a pesar de que muchas entidades atienden a sus clientes utilizando diferentes canales de comunicación y que cuentan con un departamento de atención a clientes, no todas tienen una cultura de atención centralizada y coordinada, ni disponen de la infraestructura necesaria para tal efecto, ya sea por tamaño o porque no disponen de las tecnologías básicas para considerarse un auténtico centro de relaciones con clientes.

LA VOZ HUMANA IMPORTA

Aunque se viene hablando desde hace tiempo de la merma del canal de voz frente a otros canales de comunicación, no se puede perder de vista el hecho de que la voz sigue siendo el canal de atención más utilizado.

Estudios a gran escala sitúan el uso de este canal en porcentajes cercanos al 60%. No obstante lo anterior, y aunque la operativa básica de estos centros sigue siendo la atención de llamadas telefónicas, conforme han ido evolucionando las tecnologías, los procesos de atención y soporte, las funciones operativas y las exigencias de los clientes que demandan otros canales de comunicación, han ido ampliándose y evolucionando también los centros de relaciones con los clientes, incorporando y tratando de forma coordinada con el canal telefónico nuevos canales de relación.

La voz sigue representando un porcentaje elevado, pero el 74% de los clientes utilizan tres o más canales para acceder al servicio al cliente.

Hablar de *contact center* es hablar de tecnología, es hablar de procesos y es hablar de personas. Al tratarse de departamentos intensivos en recursos humanos, donde se gestiona un rabioso tiempo real, la pieza tecnológica juega un papel, además de fundamental, crítico. Ayudará fomentar que todas las personas que directa o indirectamente se relacionan con estos departamentos dentro de las empresas conozcan la tecnología.

El 60% de los clientes cambia su canal de contacto dependiendo de dónde se encuentre y lo que esté haciendo. La funcionalidad de devolución de llamada es una de las más demandadas por los clientes que evitan tiempos de espera en línea. ¿Se imaginan una situación en la que el proveedor le indica el tiempo estimado en el que será atendido dándole la opción de esperar o ser contactado posteriormente, o que el contacto se produzca en la franja horaria que usted diga? Usted se decanta por la segunda opción y, efectivamente, tiene lugar. El efecto «guau» se produce, ¿verdad?

TENDENCIAS DE CONTACTO

La mensajería instantánea toma protagonismo como canal de comunicación en la población de 18 a 34 años. El *chat* se postula como la nueva voz. Las redes sociales solo suponen un 3% de todas las interacciones, pero el 59% de las personas de entre 25 y 34 años comparten experiencias deficientes por este medio. El canal de vídeo toma velocidad, sobre todo en las grandes organizaciones.

Los *contact centers* se presentan como una fuente importante de generación de información, tanto analítica, con datos vinculados a la productividad y experiencia cliente, como informaciones personalizadas de los servicios basados en análisis de datos. El 79,4% de los centros de contacto no tienen capacidad de analizar *big data* y eso es una realidad.

El teletrabajo será cada vez más frecuente y aparecerán plataformas en las que los agentes se darán de alta y a las que las empresas accederán en busca de los perfiles que mejor se adapten a ellas. Crecerá el autoservicio para tareas simples o repetitivas que demanden los clientes deseosos de resolver problemas rápidamente. Vídeos en línea, preguntas frecuentes, base de conocimientos, etc., mucho más de lo que es una Web o un IVR tradicional. Como hemos visto, las redes sociales son más que una red. Son un canal de comunicación clave donde hacer preguntas y quejarse, en una transmisión que pasa del modo multicanal al omnicanal. La nube será —es ya— la mejor opción para alojar la tecnología del *contact center*. Los *chatbots*, la inteligencia artificial (IA) y el RPA (Robotic Process Automation) ponen encima de la mesa aumentos del 56% año tras año ligados al concepto de autoservicio. No olvidemos que los *contact center*s son especialmente vulnerables a las infracciones de seguridad, ya que acumulan una gran cantidad de información confidencial del consumidor.

Todo esto forma parte de la obsesión por la reducción de costes. Palabras como eficacia, mejora de procesos, automatización, autoservicio, nube y servicios gestionados están en nuestro vocabulario diario.

DE LA CENTRALITA AL IVR

Retrocediendo un poquito en el tiempo, uno de los grandes avances fue la llegada de la centralita o PBX. Hasta entonces la atención era muy manual, pero el tema se fue agravando cuando la demanda de atención pedía mayor número de líneas. Se hacía inviable replicar el concepto a través del cual el teléfono llegaba a las casas. No parecía tener sentido darle un teléfono «público» a cada gestor porque los costes de telefonía eran altísimos.

Surgieron las primeras funcionalidades de tratamiento de llamadas: mensajes, colas de espera con música y reproducción de mensajes pregrabados, gestión diferenciada según horario con módulos de administración y configuración de agentes, entre otros. Existían multitud de marcas; básicamente cada operador de comunicaciones tenía su modelo. Las centralitas se convirtieron en algo así como el centro neurálgico del *call center*. Pronto surgieron necesidades derivadas de los nuevos «modelos» organizativos.

Mientras, en el mundo del *software* se observaba una profunda especialización; aparecían auténticos sub-sectores dentro de la industria, aplicaciones de CRM (*Customer Relationship Management*), de BI (*Business Intelligent*), de ERP (*Enterprise Resource Planning*) o DMBS (*Database Management Sytems*).

Gran cantidad de información muy valiosa de la empresa estaba contenida en estas aplicaciones, mientras que los datos operacionales provenientes de los *call center*s estaban totalmente aislados, de forma que si una llamada llegaba a la centralita, esta se le asignaba a un gestor y era el gestor el que manualmente arrancaba la aplicación correspondiente con la que mantener la conversación con el cliente. La unión del mundo de la telefónica y el de los datos (de las aplicaciones) la proporcionaban los propios agentes. Si por cualquier circunstancia, el agente en cuestión tenía que transferir la llamada a un compañero, se perdía el contexto obligando a empezar desde cero, y obligando al cliente a repetir toda la información que previamente se le había solicitado. En un entorno de emisión masiva de llamadas la situación no era mejor; más bien al contrario, todo el peso recaía en el gestor.

La proliferación de las aplicaciones dentro de las empresas provocó la apertura de los sistemas corporativos hasta entonces aislados, que podían compartir información en tiempo real, además de publicar multitud de operaciones para ser invocadas desde terceros sistemas. Sin embargo, el ACD era una excepción. Seguía caminos muy distintos, implementaba políticas cerradas y propietarias.

Una de las tecnologías fundamentales en el entorno del *call/contact center* son las tecnologías de procesamiento de voz de forma interactiva, más conocidas en el sector por su término inglés «*Interactive Voice Response*» (IVR).

La implantación de sistemas de IVR, pese a que es una tecnología que lleva en el mercado muchos años, ha sido solo en estos últimos cuando ha crecido considerablemente, gracias, entre otras cosas, a la demostrada reducción de costes que aporta a las maduras tecnologías del habla como ASR o TTS y al conocimiento que se tiene de las mismas.

Las nuevas tecnologías de interacción por voz, la fiabilidad y facilidad de manejo de las aplicaciones basadas en el reconocimiento natural del lenguaje, que se acercan a lo que sería mantener un diálogo con una persona, han posibilitado una mayor penetración de estos sistemas, pudiéndose distinguir de alguna forma dos generaciones de sistemas de IVR: aquellos implantados en el pasado y los de segunda generación, que se basan en la utilización de dicha tecnología de reconocimiento del habla y que son más conocidos como «portales de voz» o «asistentes virtuales».

Los agentes virtuales dentro de un *contact center* permiten una interacción con los clientes sin que medie un agente humano. Estos elementos son en realidad aplicaciones que simulan la intervención de un agente humano, con las consiguientes limitaciones; tienen la ventaja de estar el 100% del tiempo disponibles.

Desde el punto de vista de coste, ya hemos dicho anteriormente que el móvil que lleva a muchas empresas a implantar este tipo de tecnologías es el económico: disminuye el número de agentes requeridos y el número de interacciones abandonadas, aumenta el número de interacciones gestionadas y se proveen servicios 24x7.

Si bien los beneficios eran y son evidentes, a medida que estas tecnologías son más y más utilizadas se pueden constatar aspectos de vital importancia, en lo que a comunicación se refiere, que vienen a demostrar la importancia de la coexistencia de diferentes canales de comunicación: las palabras constituyen el 9% del mensaje, la entonación y la forma de hablar el 33% y los aspectos visuales el 58%. Implantar un servicio de atención sin dar la opción al cliente de derivar a un recurso humano o a otro canal complementario puede acarrearnos graves consecuencias.

LA VOZ SE UNE A LOS DATOS

No obstante, este tipo de tecnologías funcionan. Hay que tener en cuenta la importancia de hacer un buen diseño. La integración de los portales de voz en el *contact center* se torna clave en cualquier estrategia de relaciones con los clientes, y ambas tecnologías no se conciben de forma aislada sino que tienen que ser parte del ecosistema de un *contact center*. El CTI va a ser el elemento conector de todos estos mundos, aportando esa visión 360° de la que se ha hablado anteriormente.

La utilización y potenciación de las funciones de autoservicio por parte de los usuarios internos, CAU (Centro de Atención a Usuarios) como clientes externos, mediante estas tecnologías es un factor crítico para aumentar la reducción de los costes operacionales de cualquier centro de relaciones con clientes (CRC).

En este sentido, como anteriormente se ha citado, la adopción global de dispositivos móviles, la presión competitiva, las exigencias crecientes de los clientes y el desarrollo de los negocios electrónicos han incrementado sensiblemente la actividad de los centros de atención. Los clientes no están dispuestos a esperar largas colas para ser atendidos, mostrándose más abiertos a la utilización de estos sistemas de autoservicio que den respuesta inmediata a sus necesidades, o donde puedan dejar constancia de su intento de contactar con la empresa y que el centro de atención les responda de forma proactiva.

Precisamente en los años 90 es cuando aparece una tecnología realmente disruptiva que marcará un antes y un después en el mundo del *call center.* Es el CTI (*Computer Telephony Integration*). Este componente va a permitir unir dos mundos hasta entonces aislados: el mundo de la voz y el de los datos, de las aplicaciones.

Son muchos los beneficios que la funcionalidad del CTI aporta a un *contact center* –y por tanto a cualquier estrategia de relaciones con clientes– y es por eso que se hace necesario mencionarlo. Hablar de un *contact center* profesional sin tener en cuenta este componente tecnológico es como intentar conducir sin volante. Difícil, ¿no?

En la medida en que la voz y los datos están integrados, el agente u operador se vuelve más eficiente y podemos hablar de una reducción de costes. En emisión deja de marcar a mano y es el sistema el que filtra los comunicados, faxes, no contesta, etc. Desde el punto de vista de la recepción de una llamada, y dependiendo de los datos que se tengan en el momento del descuelgue y del grado de integración, el sistema puede presentarle directamente la pantalla de diálogo al gestor sin necesidad de que este tenga que ir a buscarla. Al ser más eficientes los agentes, también se consiguen gestionar más interacciones.

En cuanto a la mejora de la calidad del servicio, haciendo que le llegue la llamada de la interacción a la persona correcta se evitan transferencias entre agentes, aumenta el volumen de ventas y, por ende, los ingresos. Los agentes, más eficientes, pueden atender más interacciones. En cuanto al aumento de la retención de los clientes, al estar más contentos con el servicio recibido, la posibilidad de retención es mayor, permitiendo reconducir a los clientes a los canales de más bajo coste. Al tener más información, informes y estadísticas, podemos realizar análisis y detectar qué clientes nos generan más ingresos y, teniéndolo en cuenta, establecer políticas de negocio en nuestro centro de relaciones con los clientes. Otros beneficios son que reduce la rotación de los agentes, ya que estos se sienten más cómodos realizando su trabajo; reduce el número de interacciones abandonadas y los costes derivados del mantenimiento y la puesta en producción.

LA DIFERENCIA

En un mercado como el actual en el que hay mucho de todo, hablamos de la sociedad de la abundancia. ¿Cómo te sentirías si en un espacio corto de tiempo un número importante de tus clientes se fueran a la competencia simplemente porque sienten que esta les trata mejor? Y, lo que es peor, estarían incluso dispuestos a pagar un poquito más por lo mismo.

Pues he aquí una de las grandes razones por las cuales hacer un buen enrutamiento de la interacción; una vez el cliente se pone en contacto con nuestra organización esto es clave. Está empíricamente demostrado que una buena gestión de la interacción en el primer contacto, FIR (*First Interaction Resolution*), es determinante y va a tener un impacto directo en la experiencia «que ese cliente se lleve de nuestra organización».

Se ha dicho anteriormente que esta industria, la industria de los *contact centers*, va a experimentar un crecimiento del 100% en los próximos tres a cinco años. Los niveles de atención requeridos van a ser de mayor calado, entre otras cosas porque va a haber una clara tendencia a automatizar tareas repetitivas y de poco valor. Con esto señalamos que estas estructuras van a necesitar perfiles talentosos para desarrollar la actividad. No podemos perder de vista que los *contact centers*, la puerta de entrada a nuestras empresa, son intensivos en recursos humanos. Estudios realizados por prestigiosos analistas vienen a decir que los niveles de rotación que sufre esta industria rozan niveles del 30%. Para una organización con 500 gestores, el que se vayan al año 150 personas tiene un impacto tremendo en términos de formación, contratación de nuevos gestores, y consecuentemente en la atención que reciben nuestros cliente. Minimizar este impacto es la prioridad de cualquier organización, y en este sentido el enrutamiento inteligente de interacciones es crucial.

Los sistemas de enrutamiento inteligentes utilizan la información de los agentes, su experiencia y habilidades, para garantizar que la persona que se pone en contacto con nosotros se enrute con el agente más capacitado. Sin embargo, las habilidades no son el único criterio que se tiene en cuenta. Con la cantidad de información de la que disponemos a día de hoy, las opciones y combinaciones posibles son infinitas: información como la prioridad de la persona que llama, las consultas previas que ha hecho la persona en cuestión (con independencia del canal utilizado), el valor que esa persona tiene para nuestra empresa, si es hombre o mujer, si su estado de ánimo es uno u otro, si su personalidad es tal o cual, si es del Madrid o del Barcelona... En fin, el tema en cuestión no es simple de resolver; estamos hablando de muchas variables a tener en cuenta y del tan rabioso tiempo real. Una mala decisión puede tener un impacto fatal para nuestra organización, máxime en un mundo como el actual en el que todo adquiere un contexto viral para el cual no estamos preparados.

Ahora que los clientes utilizan cualquier canal para ponerse en contacto con nosotros, la consistencia del servicio prestado a través de dichos canales es clave, algo que todavía no está resuelto en muchas organizaciones. Y es aquí precisamente donde el concepto de «cola universal» dentro de una arquitectura en la que el CTI es un componente básico tiene un gran protagonismo.

PONERSE EN LA COLA

No debemos olvidar que, aunque se ha avanzado mucho en lo que a gestión de nuevos canales se refiere, estas nuevas formas de acceso y comunicación entre clientes y entidades aún no están bien resueltas. En la mayoría de las ocasiones no se encuentran integradas entre sí, residen en entornos separados, con tecnologías diferentes y sin unas estadísticas consolidadas que permitan conocer de forma consistente el histórico de los clientes.

Es por eso que, en contextos de confianza, muchas veces recurro al concepto «muchicanal», dando a entender que hay muchas organizaciones que gestionan muchos canales pero de forma aislada, sin comunicación entre ellos, provocando inconsistencias y falta de coherencia a los clientes. Recientemente me vi en una situación de estas. Me puse en contacto con un proveedor vía *email* para realizar una «reclamación».

Al ver que al tercer día no había obtenido respuesta, procedí a llamarles por teléfono. La sorpresa fue que el gestor que me atendió no tenía acceso al *email* que había enviado, un hecho que hacía evidente que el canal telefónico y el canal *email* para un mismo servicio, el de reclamaciones, estaban siendo tratados como entes aislados. ¿Os suena, verdad? Casi seguro que el proveedor en cuestión tenía un grupo para gestionar las reclamaciones vía teléfono y otro grupo de gestores que lo hacían vía *email*.

La cola universal nos va a permitir tener una visión global y holística de todas las interacciones que se pueden gestionar en un servicio. Volviendo al ejemplo anterior, podríamos tener un único servicio de reclamaciones bien configurado para gestionar tanto las llamadas telefónicas como los *emails,* y no un servicio para gestionar reclamaciones vía teléfono y otro servicio para gestionar reclamaciones vía *email*. En este sentido, la cola universal aporta una visión global de todas las interacciones que pertenecen a un grupo especializado de nuestra empresa. Por ejemplo, nos permite tener un único grupo de gestión de «reclamaciones» en lugar de tantos grupos de gestión de reclamaciones como canales habilite la empresa a tal efecto.

ESTRATEGIA MULTICANAL

No podemos hablar de la cola universal sin introducir un nuevo concepto: la multicanalidad. Consiste en que todas las interacciones multicanal que pasen por el *contact center* sean distribuidas por un único servidor (CTI), permitiendo que dentro de un mismo servicio o campaña, usando los mismos criterios de gestión, se reciban llamadas telefónicas, *emails,* mensajes SMS, redes sociales, solicitudes de *chat,* colaboraciones web... en definitiva, cualquier tipo de interacción. Unifica tanto la recepción como la emisión de interacciones, no impidiendo la utilización cruzada de canales, a la vez que mantiene el contexto de los datos, permitiendo la propagación de dicha información de unos canales a otros.

Las ventajas de una integración multicanal son evidentes. Los agentes pueden gestionar las interacciones multicanal bajo un mismo contexto y por tanto reducen el tiempo de trabajo, lo que se traduce en un aumento de la eficacia y de la eficiencia del centro. Unifican las respuestas que se dan a los clientes con independencia del canal que ellos empleen para las mismas preguntas; hay coherencia. Mejora el conocimiento que se tiene del cliente, y por tanto se puede establecer una relación más personalizada, hacer sentir al cliente que es único. Y, sobre todo, el fuerte impacto que esto va a tener en la experiencia del cliente.

FUTURO

Hablar de la importancia de los *contact center*s obliga a dar unas breves pinceladas respecto a las tendencias en esta industria. Una visión de lo que está viniendo y está por venir nos ayudará a definir el presente y proyectar el futuro, garantizando que el enfoque tecnológico que le demos a los proyectos nos acompañe en nuestro crecimiento como empresa.

Después de más de dieciocho años en esta industria, hablar de futuro se nos antoja bastante ambicioso. ¿Qué es futuro en un contexto en el que todo cambia rápidamente, en el que la velocidad del cambio es impresionante y parece que, lejos de ralentizarse, se encuentre en continua aceleración? En un contexto como el actual donde la tecnología y las preferencias de los clientes cambian a un ritmo vertiginoso, sería demasiado ambicioso considerar todas las formas en que los *contact center*s tienen que evolucionar.

Sea como fuere, nos vamos a atrever a dar unas pautas con la esperanza de que ayuden al lector a proyectar ese futuro brillante para sus *contact centers*.

A ojos de un cliente, de un consumidor, las empresas nunca son lo suficientemente rápidas para responder, reaccionar o resolver un problema. En este sentido, trabajar los canales que requieren atención en tiempo real (telefonía, *chat*) junto con los canales autoservicio (web, IVR, *chatbots*), es una estrategia triunfadora.

Si bien es cierto que los *chatbots* actualmente manejan un porcentaje muy pequeño de interacciones, las previsiones estiman un gran crecimiento. Será este un canal (junto con los IVRs) que satisfaga ese autoservicio al que hacemos mención, o cuanto menos que permita gestionar la interacción en su estado más inicial antes de entregárselo a un gestor.

En esa analogía que hacíamos IVR-*chatbot*, los *contact centers* implantarán una nueva generación de IVRs aprovechándose igualmente de la inteligencia artificial, *Machine Learning*, del *Natural Language*, de las tecnologías del habla en general y, sobre todo, aprendiendo de los errores pasados. En lugar de implementar estas soluciones teniendo en mente a los clientes, las empresas se han centrado únicamente en beneficios operacionales orientados a los costes. Desafortunadamente, la falta de enfoque en el usuario hizo que la respuesta al uso de estas tecnologías fuese para los clientes una fuente de conflictos en lugar de una fuente de valor. Los consumidores en general detestan esperar a ser atendidos. Darles esta opción, y además cumplirla, tiene un impacto considerable en la experiencia del cliente.

Pero la clave una vez más estará en hacer un uso inteligente de la tecnología; el estado del arte de la inteligencia artificial no está todavía listo para lidiar con ciertas situaciones y momentos delicados; la clave va a estar en armar una estrategia de compatibilización con las personas. De momento, las personas y las máquinas parece que tienen habilidades complementarias; las máquinas son rápidas, muy rápidas cuando una tarea puede ser traducida a un conjunto de instrucciones; las personas, por el contrario, son espectaculares en el reconocimiento de patrones, expresiones, caras, edad, estado de ánimo... Utilizar la inteligencia artificial para saber más sobre nuestros clientes y que esto ayude a los gestores a realizar mejor su trabajo, es donde las organizaciones deberán poner su máximo esfuerzo.

Podemos hacer una analogía con lo que ocurría en el pasado en una oficina bancaria: un cliente entraba en la misma, era atendido por un recepcionista y, en función de lo que quisiese realizar, pasaba a ventanilla, hablaba con un especialista sobre ciertos productos o se dirigía directamente al despacho de director. Lo mismo va a ocurrir en el *contact center*; al final, estamos virtualizando el concepto de sucursal, ¿o no? Otro ejemplo pueden ser las urgencias de un hospital. Como pacientes llegamos con una dolencia, en la recepción nos toman todos los datos, analizan nuestra situación y deciden pasarnos a una enfermera o médico generalista y, dependiendo de la gravedad de la misma, a un médico especialista. ¿Con esto queremos decir que médicos, enfermeros, directores de sucursal van a estar detrás de un *contact center*? La respuesta es un sí, bienvenidos a esta nueva realidad.

Esta realidad nos lleva a introducir otro concepto que afectará a ese *contact center* de futuro que nos hemos atrevido a diseñar, la «omnicanalidad», que no multicanalidad, y es que a este respecto hay un poco de confusión. Buscando esclarecer esto, queremos indicar que si bien la multicanalidad (el uso de múltiples canales) se circunscribe al ámbito del *contact center* como departamento dentro de una empresa, la «omnicanalidad» va mucho más allá: se trata de hacer extensible el *contact center* a todos los departamentos de una empresa. Mientras en el primer caso se pone el foco en resolver bien las gestiones de los diferentes canales dentro del *contact center*, que adquiere una componente más tecnológica, en el segundo se tiene una componente más estratégica; se busca la gestión de los canales en la globalidad de la organización.

En toda esta ensalada no nos podemos olvidar del rol que van a jugar las redes sociales. Si bien llevan con nosotros mucho tiempo, el uso que se ha dado a las mismas ha sido más reactivo que proactivo.

Las marcas son cada vez más conscientes de la importancia de utilizar las redes sociales como medio para interactuar con los clientes. Esta evolución digital ha fomentado un significativo aumento en las expectativas del cliente. Los consumidores esperan que las empresas respondan a través del medio por el cual se produce la interacción, y además lo hagan en un tiempo razonable (recordemos que la velocidad es una variable); la falta de respuesta puede tener un alto coste.

Por el contrario, los beneficios de utilizar las redes sociales para obtener soporte son excelentes. Se produce un efecto llamada, siendo la propia comunidad la que en muchos casos responde a los problemas ayudando a las organizaciones a minimizar sus costes. Querámoslo o no, los clientes utilizan las redes sociales para desahogarse ante un servicio deficiente, lo que expone a las marcas a un público más grande que de no ser gestionado adecuadamente puede tener un efecto fatal.

Así, vamos a ver cómo las empresas comienzan a monitorizar las redes sociales (una vez más haciendo uso de la inteligencia artificial y el *machine learning* como complemento al capital humano), buscando responder con prontitud a inquietudes y quejas que pueden no estar ni siquiera dirigidas a ellos, pero simplemente servir de desfogue de los clientes.

¿Y sobre el canal de vídeo? Si ya la tecnología WebRTC marcó un antes y un después en lo que al canal de vídeo se refiere, permitiendo a través de un simple navegador (Chrome, Firefox, Explorer...) gestionar el vídeo y la voz, y en la medida en que las conexiones a Internet de alta velocidad han mejorado sustancialmente, las organizaciones se atreverán a dar al vídeo una importancia que nunca tuvo, incorporando esta funcionalidad en los *contact centers* como mecanismo para maximizar la confianza y personalización de la interacción cliente-gestor en canales no presenciales, buscando que los clientes tengan una sensación más rica de presencia con el apoyo de la expresión emocional, el lenguaje no verbal y el intercambio de contenido en tiempo real.

Todavía son muchas las empresas que usan el correo electrónico como método de contacto principal y los consumidores continúan viéndolo como un canal importante. Desgraciadamente, los niveles de servicio asociados a este canal dejan mucho que desear. ¿Conoces algún servicio de atención al cliente por correo electrónico que complete una consulta en la primera respuesta? Abusar de las respuestas automáticas no es la solución; las empresas deben ser conscientes de cuándo un correo electrónico automatizado es apropiado y cuándo no. Dar un tratamiento personalizado a los mensajes buscando que los clientes sientan que su problema está siento tomado en consideración y hay voluntad de resolverlo marcará la diferencia.

LOS ASISTENTES VIRTUALES

Y, aunque ya lo hemos y lo seguiremos haciendo en el capítulo siguiente, es el momento de hacer un *zoom* sobre el concepto de asistentes virtuales, *bots* y *chatbots,* por la relación tan fuerte que van a tener. Y una tendencia que nos va a acompañar fuertemente en los próximo años es el autoservicio *(selfservice)*.

Definitivamente, el autoservicio ha venido a demostrar que maximiza los resultados comerciales, ayudando a los clientes a ayudarse a sí mismos. Estudios a gran escala vienen a corroborar que aquellas compañías que han implementado programas de autoservicio tienen tasas de retención de clientes más elevadas. Es importante destacar que las empresas que usan autoservicio logran tener unas tasas de resolución en el primer contacto mucho mejores.

Trabajar en crear mejores experiencias, más fáciles y más adaptadas para cada cliente minimizará también las necesidades de contacto *(resolution without interaction)*, contribuyendo a que los proyectos relacionados con el autoservicio se aceleren. Automatizar lo que hemos dado en llamar «interacciones sencillas» a través de soluciones web, IVRs, *chatbots*, etc., traerá consigo un nuevo desafío, esta vez relacionado con las personas. Hará que el tipo de contacto que reciban los gestores sea desafiante y difícil. Las competencias y habilidades que tendrán que tener los gestores de un *contact center* cambiarán sustancialmente buscando resolver desafíos de clientes más avanzados y complejos.

A medida que los clientes hacen mayor uso de los canales digitales, la implementación de asistentes virtuales está tomando más y más relevancia para atender peticiones de los clientes en webs, aplicaciones móviles, aplicaciones de mensajería y redes sociales. Pero ¿a que nos referimos cuando hablamos de asistentes virtuales? Wikipedia nos da una buena definición de este concepto: «un asistente virtual es un agente de *software* que ayuda a usuarios de sistemas computacionales, automatizando y realizando tareas con la mínima interacción hombre-máquina». La interacción que se da entre un asistente virtual y una persona debe ser natural. Una persona se comunica usando la voz y el asistente virtual la procesa, interpreta y responde de la misma manera.

Antes de avanzar en lo que prevemos será el rol de los asistentes virtuales, necesitamos concretar en qué se diferencian los asistentes virtuales de los *chatbots*. ¿No son estos últimos asistentes virtuales? Es verdad que a veces se utiliza el termino *chatbot* para referirse a los asistentes virtuales, pero la realidad es que, si bien los *chatbots* resuelven acciones claras, funciones concretas para las que han sido programados (soporte al cliente, compras automatizadas, preguntas frecuentes), la tecnología de asistentes virtuales tiene un uso más amplio. De hecho están llamados a sustituir a los actuales buscadores de Internet, están diseñados para emular conversaciones e interacciones humanas y pueden proporcionar asistencia para muchas actividades sin valor añadido que previamente requerían la atención de agentes de los *contact centers*. Según el informe de DMG Consulting, los asistentes virtuales no solo son capaces de ofrecer una experiencia diez, personalizada, sino que representan el futuro del autoservicio.

Siri de Apple, Google Assistant, Alexa de Amazon, Cortana de Microsoft, M de Facebook, Watson de IBM, están revolucionando la forma en que las organizaciones se acercan a los clientes. Su precisión, efectividad y capacidad de autoaprendizaje permiten crear experiencias personalizadas haciendo más llevadera la gestión del *customer journey* en cualquier empresa. En este sentido, se menciona la importancia que va a tener un buen análisis de la información, resida está en el *contact center* o no. Vivimos en una era en la que los datos tienen un valor cada vez mayor y más difícil de calcular, pero lo cierto es que un buen uso de los mismos es la clave del éxito de muchos negocios. Esta necesidad –como no podía ser de otra forma– se ha instalado en las estructuras de los *contact center*s y es sin duda una de las áreas destacadas en las agendas de los decisores.

Afortunadamente, las herramientas avanzadas de análisis de datos pueden ayudar a las empresas a descubrir ideas buscando obtener una ventaja competitiva. Actualmente existen herramientas de análisis de datos capaces de hacer predicciones, o generar recomendaciones, basadas en información obtenida dando a los agentes del *contact center*, *chatbots* o asistentes virtuales, el contexto que les ayude en la interacción con el cliente.

Igual que hace años, cuando empezábamos a vislumbrar el impacto que las redes sociales podían llegar a tener en nuestra industria, preguntábamos si las redes sociales iban a ser una moda, una tendencia o una revolución, y nos atrevíamos a decir que las redes sociales habían llegado para quedarse, que su uso crecía rápidamente, que tenían un impacto directo en la imagen de marca, que estaban en el punto de mira de muchas organizaciones «C-Level Attention», que los primeros en adoptar estrategias para gestionarlas aprenderían y le sacarían partido a ese hecho, que no hacer nada podía resultar caro; hacer algo barato... sale caro. Hoy, años después, nos atrevemos a decir lo mismo al respecto de estas tecnologías que potencian las capacidades humanas: han llegado para quedarse; no tenerlo en cuenta es taparnos los ojos a la realidad y nos puede colocar en una posición de desventaja como empresa.

En los próximos años viviremos nuevos modelos de *contact center*. El mundo de la sensorización, por ejemplo, nos abre un sinfín de oportunidades a este respecto. En un futuro no muy lejano, en el ámbito de la salud se podrán hacer monitorizaciones remotas (tensión arterial, ritmo cardíaco, índices de glucemia, etc.) sin necesidad de que el paciente acuda a un centro de salud, y es a esto a lo que nos referimos cuando hablamos de esos nuevos modelos de *contact center*.

LAS CLAVES DEL TRIUNFO

Gestiona bien las esperas; tu cliente lo agradecerá y tu cuenta de resultados también. ¿Cuántas veces nos hemos visto en situaciones en las que llamamos a un número de teléfono y una voz preciosa, en el mejor de los casos, proveniente de una máquina nos alerta del tiempo que nos queda para que seamos atendidos por un operador? ¿Y cuántas veces nos hemos sentido impotentes porque esa espera se ha alargado y alargado? Si el tema no es relevante colgamos y decidimos llamar en otro momento, si no insistimos e insistimos hasta que conseguimos nuestro objetivo.

Partiendo del hecho de que el tiempo es la moneda más valorada, respetar el tiempo de las personas no es importante, sino lo siguiente... Lo más sencillo sería alinear el número de interacciones con los gestores que tenemos, pero siempre se suceden situaciones inesperadas, picos, bajas de personal...

Una forma sencilla de resolver este tema gracias al CTI, como se ha comentado en otro capítulo, es configurar un sistema automático, una IVR, de forma que si no hay un gestor que lo pueda atender, le dé la opción al cliente de dejar su teléfono y una franja horaria en la que llamarle y programar una llamada saliente teniendo en cuenta la información que nos proporcione. Esto desde el punto de vista tecnológico es muy fácil de resolver, provoca un efecto muy positivo en tu cliente y no perjudica a los niveles de servicio que has definido.

Está demostrado que las reclamaciones tienen un impacto para cualquier empresa que puede llegar a ser exponencial. De hecho está probado que una mala experiencia con un cliente puede destruir años de trabajo. Mucho se ha escrito sobre el «iceberg» de las reclamaciones en los modelos B2C.

ESTOY AQUÍ CON USTED

El poder del boca a boca no ha sido tan cuantificable como lo es hoy. Este hecho viene a constatar que es la sociedad, según el uso de las redes sociales, la que impone cómo quiere relacionarse con las empresas. Si hay un departamento dentro de las organizaciones que esté bien preparado para gestionar este tiempo real tan rabioso que imponen las redes sociales ese es el *contact center*. Afortunadamente, las tecnologías nos permiten gestionar las redes sociales como si de un canal más se tratará, aportando valor al resto de canales de comunicación. Una vez más, el CTI va ser una parte muy importante que nos permitirá consolidar la información proveniente de los diferentes canales buscando tener esa visión 360º de nuestros clientes.

Está llamando un cliente, imaginemos que para dar parte de un siniestro. Al tratarse de la primera llamada, el gestor que le ha atendido le habrá dedicado un tiempo considerable. Si al cabo de un tiempo el cliente vuelve a llamar, la probabilidad de que se trate del mismo asunto es muy elevada. Apoyándonos en la tecnología y gracias al CTI podemos comprobar si el gestor que le atendió está libre, y si lo está pasarle la llamada a él. Aunque la conversación haya quedado registrada en los sistemas, nunca será igual que le atienda un gestor diferente a que le atienda el mismo; así se reduce el tiempo de llamada a la vez que se consigue un efecto ¡guau! en el cliente.

Los clientes por definición entienden que las cosas se puedan torcer; lo que no les gusta es que no se les informe de los posible altercados. Aprovecha tu *contact center* para informar debidamente a tus clientes. A modo de ejemplo, si un cliente te hace un pedido, tranquilízale haciéndole llegar un *email* o un SMS diciéndole que su pedido ha sido recepcionado e infórmale de la fecha estimada de entrega. Infórmale cada veinticuatro horas de cómo va el proceso de envío. No te cuesta nada, puedes programarlo de forma automática. Si por cualquier circunstancia se produce una incidencia, avísale; si el tema es delicado es mejor utilizar el canal de voz. Los canales escritos son muy útiles pero desaconsejables en ciertas ocasiones delicadas. No podemos perder de vista que la lectura de cualquier mensaje siempre va a estar condicionada por el estado emocional del lector.

Un ejemplo muy ilustrativo es la situación que vive una persona cuando se queda tirada en la carretera. ¿Qué canal diríais que va a utilizar para ponerse en contacto con su compañía aseguradora? Claramente el teléfono. El tema es lo suficientemente delicado como para no utilizar un canal escrito, por mucho que este sea en tiempo real. Lo que sí está demostrado es que, si conseguimos ir informándole a través de canales escritos, SMS, *whatsapps*, etc. de en cuánto tiempo va a llegar la grúa o a cuántos kilómetros se encuentra de él, la percepción del tiempo de espera se reducirá sustancialmente produciendo un impacto positivo en la experiencia cliente.

Si estás trabajando en mover a tus clientes a canales de mejor coste, hazlo de una forma disimulada. Invítalos a que prueben ese canal y dales algo a cambio: sorteo de un viaje a Disneyland para dos personas, por ejemplo. Si ven satisfechas sus expectativas en ese nuevo canal repetirán, compartirán la buena experiencia y habrás conseguido satisfacer sus expectativas. No hay mayor error que imponerle a un cliente el canal por el que quieres que se comunique contigo.

Tenemos un cliente más dinámico y activo que nunca; lo que hoy es válido, mañana deja de serlo. Los *contact center*s como puerta de entrada, imagen de marca de las empresas, no viven ajenos a esta realidad. Es por eso que a la hora de elegir una tecnología, esta tiene que ser liviana, sin corsé, flexible, ágil, adaptable, escalable, abierta, amigable, que nos dé autonomía y nos permita movernos con rapidez, sin que ello redunde en tiempos y costes grandes.

El precio es importante, pero el diablo está en los detalles. Una herramienta puede ser atractiva en precio, pero si carece de esos atributos que he mencionado anteriormente, eso puede echar al traste todo el proyecto.

El riesgo es directamente proporcional al tamaño del proyecto. Cuanto más grande es el proyecto más alto es el riesgo. ¿Cómo te comes un elefante? Vender soluciones tecnológicas no es nada fácil, ni para el vendedor ni para el comprador. Siempre se dice que los proveedores de tecnología venden una ilusión y el cliente hace un acto de fe. Aunque son muchas las iteraciones que se tienen hasta el cierre de cualquier proyecto, la conclusión siempre es la misma: los clientes no sabemos lo que queremos hasta que no lo vemos.

Dicen que un ejemplo vale más que mil palabras. Una de las muchas cosas que ha traído la crisis al sector financiero ha sido el cierre de sucursales, pero ¿se ha reducido el número de clientes en la misma proporción? La respuesta es no. Es verdad que España es una población vieja; más del 19% de la población es mayor de 65 años, pero no por ello han dejado de ser clientes de las entidades financieras. ¿Qué es lo que han hecho entonces? Transferir la atención que antes se daba de forma presencial a los *contact centers*; se ha creado el concepto que muchos han dado en llamar «oficina virtual». Esto no solo se ha sucedido en la banca, en otros negocios la inercia ha sido la misma. Muchas empresas de reciente creación ya nacen con el concepto de oficina virtual en su ADN. Si en un contexto presencial cuidábamos la imagen, la presencia y el detalle, ¿no debemos hacer lo mismo en nuestros *contact centers*? Estos departamentos se han convertido en la puerta de entrada a nuestras empresas; dejemos de pensar que son un centro de costes, por ahí vamos mal.

En un contexto como el actual, lo que hoy es válido mañana deja de serlo. El que hayamos definido un conjunto de procesos que funcionan hoy no nos garantiza nada. Escuchar al cliente y hacerle partícipe de tus proyectos es de gran ayuda, te acerca a la realidad del campo a un coste muy bajo y ellos serán tus mejores embajadores de marca. Está demostrado que el ser humano, en ese afán de sentirse bien necesita colaborar y sentir que lo que hace beneficia al grupo. De ahí el éxito de proyectos colaborativos como Wikipedia o un navegador como Waze.

Los *contact center*s son departamentos rabiosamente dinámicos. Trabajar ya no solo la voz del cliente, sino hacerle saber que sus sugerencias se han tenido en cuenta y que le estás involucrando en tu día a día es un enfoque ganador.

La actitud y el comportamiento de las personas tienen un impacto directo en la percepción que el cliente se lleva de la interacción, y por ende de la marca a la que se representa. No es casualidad que estudios realizados en el ámbito de la psicología con personas que trabajan en estos centros revelen que el estrés al que se ve sometido un gestor en un *contact center* en muchos casos llega a ser equivalente al de un controlador aéreo. Interesante ¿verdad?

Las habilidades que aquí se adquieren son dignas de mención: resiliencia, capacidad de reacción ante situaciones inesperadas, trabajo en equipo, vocación de servicio, gestión emocional, gestión de la presión, comunicación, escucha activa, verbo, empatía...

La proliferación de los canales de comunicación no presenciales es una realidad. Hacerse entender a través de canales no presenciales no es nada fácil. No podemos perder de vista que más del 80% de la comunicación es no verbal.

CAPÍTULO DÉCIMO.
BIENVENIDO CLIENTE ARTIFICIAL

UN NUEVO MUNDO, NUEVAS PALABRAS

La inteligencia de los humanos está relacionada con nuestras habilidades y experiencias, y con la capacidad de entender o comprender el entorno. También está conectada con la manera en que resolvemos los problemas y en cómo estructuramos el conocimiento para tomar decisiones. Pensamos con palabras y las palabras son las que nos hacen evolucionar.

El Internet de las cosas (IoT-Internet of Things), *wearables,* hiperconectividad, nanotecnología, *big data*, ciberseguridad, realidad virtual, aumentada, mixta, *blockchain,* inteligencia artificial (AI-*artificial intelligence)*, *bots*, robots, *chatbots*, asistentes virtuales *(virtual assistants)*... Este es un nuevo mundo creado por nuevas palabras que determinarán nuestra forma de pensar.

Al igual que hace años comenzamos a integrar en nuestro vocabulario palabras que llegaron con las redes sociales, *like*, seguidor, *community manager,* etc., ahora estamos viviendo una nueva revolución en los vocablos, nuevas palabras orientadas a mejorar una descripción de la realidad que vivimos, la mayoría de ellas con raíces anglosajonas y latinas; el inglés sigue siendo el idioma de la tecnología.

Para comprender el alcance de estos nuevos términos ponemos un ejemplo sencillo. Pensemos en las dos decenas de dispositivos electrónicos que tenemos en nuestras casa:

televisión, *tablets*, ordenadores, termostatos, *Playstation*, wifi, Thermomix, teléfono o nevera; todos ellos tienen la posibilidad de conectarse entre sí. Ese diálogo entre las máquinas facilitará nuestras vidas, ahorrará tiempo e informará de nuestras necesidades en el día a día. Una nevera capaz de autogestionarse, advertir o comprar algún producto cuando detecte que falta en su interior es una muestra de ello. Este concepto de comunicación entre los diferentes dispositivos determina la palabra «hiperconectividad», o un nivel de conectividad total. Una nueva palabra para describir una nueva realidad.

Hay que señalar los vocablos creados para potenciar la visión humana a través de tecnologías como la realidad virtual, aumentada y mixta. La realidad virtual, por ejemplo, recrea la realidad en la que nos encontramos y le añade datos. En el caso de la realidad mixta, podemos recrear, a través de cámaras y escaneando el entorno en el que estamos, todo tipo de objetos, y añadir nuevos objetos virtuales a esa escena. Tampoco olvidemos conceptos como la «nanotecnología», con la que disponemos de *hardware* de una capacidad enorme en un tamaño muy reducido.

Con todas estas nuevas palabras en la calle nos vamos a encontrar con clientes mejor informados que nunca.

Una sociedad artificial plagada de robots, tanto en el hogar como en el trabajo, fue una utopía y distopía que recreó la literatura y luego el cine ante la introducción de los primeros sistemas automáticos en nuestra vida.

La consultora Gartner estima que más de 8,4 mil millones de «cosas» están conectadas a Internet hoy en día, un 30% más que hace un año. No se trata tanto de palabras que definen esas cosas, sino más bien de palabras que describen lo que hacemos con esas cosas una vez se conectan y nos suministran datos. Todo un mundo nuevo que va a generar miles de nombres nuevos.

¿QUIÉN DIJO MIEDO?

Cuando se habla de «Inteligencia Artificial» (AI), solemos tener dos tipos de reacciones que se producen casi a la vez y que son equidistantes. Nos asombran y nos producen miedo, nos interesan y nos provocan rechazo. Lo mismo reaccionamos dándole importancia positiva como negativa cuando hablamos de ese algo que creemos que está por venir. Pero la AI ya está aquí. Y lo que no se conoce genera temores.

La AI ha entrado de lleno en la política y en los medios de comunicación, con la interferencia en elecciones mediante campañas de influencia de las que ya hemos hablado anteriormente. En los próximos años este será un tema recurrente porque generará discusión y polémica.

Esta revolución afectará sin ninguna duda a nuestras vidas y será el experimento de ingeniería social más grande de la Historia de la humanidad, un conjunto de cambios políticos, sociales, económicos y tecnológicos como nunca se habían vivido.

A principios de siglo XX, un tribunal americano en Georgia mantuvo un intenso debate acerca del carácter moral del automóvil. El veredicto de la audiencia concluía que «*si bien los vehículos no son malévolos, deben ser clasificados como animales salvajes peligrosos*». Y, por ello, debían aplicarse las leyes vigentes para la tenencia de animales exóticos...

En Reino Unido, por poner otro ejemplo, al conductor se le requería que antes de circular por un municipio lo notificara al alguacil para que este, armado con dos banderas rojas, pudiera marchar ante el coche y advertir a los peatones.

Lo mismo ocurre ahora con la AI. Con el paso del tiempo y la convivencia, las teorías humanizantes que se atribuían a los automóviles, y en general a las máquinas, han ido cambiando, pero siempre les atribuimos un pensamiento demoníaco basado en el ideario popular de que todo lo que esté alejado de la naturaleza es fruto del mal.

El automóvil prometió con su llegada un futuro eficiente e higiénico que despejaba las calles de heces de caballos. En cuestión de pocos años se produjo un cambio radical de este pensamiento, que se convirtió en una nueva peste. Baste recordar como en las ciudades de Washington y Nueva York se organizaban manifestaciones en los años setenta de miles de personas que, disfrazadas de fantasmas, simbolizaban a los peatones muertos en accidentes de tráfico.

Otro caso curioso y esclarecedor lo tenemos con James Couzens, que inventa un sistema de señales y reglas de tráfico para peatones y conductores en la ciudad de Detroit en los años veinte, identificando situaciones en las que la responsabilidad recaía en cada uno de los sujetos circulantes, y estableciendo señales y zonas para poder cruzar las calles. Esta imposición de normas y obligaciones para los peatones no estaba exenta de controversia; el concejal Sherman Littlefield las tachó de denigrantes al *tratar a los ciudadanos de a pie como ganado*. El tiempo le dio la razón a Couzens, demostrando la efectividad de su propuesta, y terminó convirtiéndose en el modelo internacional. Entre sus avances se encontraba una máquina que prescindía de la presencia del agente urbano: el semáforo.

Los tribunales y la sociedad en general tardaron un tiempo en entender tanto los aspectos técnicos del coche como los nuevos problemas que generaba el tráfico.

La posibilidad de dotar de responsabilidad jurídica a las máquinas como si estas fueran entidades inteligentes se está contemplando seriamente, y quizá tengamos que crear normas y limitaciones tanto para los seres humanos como para las máquinas. Aunque no todavía.

El debate ético y legal por ahora se centra en el uso que hacemos de esta tecnología. En el caso del coche depende del comportamiento del conductor delante del volante, independientemente de la tecnología de la que esté dotado el vehículo. Pero, ¿qué ocurre cuando el coche es autónomo?, ¿quién es el responsable en todos los ámbitos y variables que se unen para que este proceso autónomo de conducción sea posible?

La inteligencia artificial no es inteligente, todavía no tiene ambiciones e intereses y no es capaz de engañar o de mentir. La AI y sus algoritmos no son neutrales, sino el reflejo de unas intenciones. Tienen el sesgo voluntario e involuntario de unos equipos de programadores y de las entidades desarrolladoras. Se da la paradoja de que es la propia tecnología la que permite atribuir la responsabilidad por errores o abusos a una persona o a un grupo determinado en la cadena de ensamblaje.

En el campo de la IA se están estudiando leyes y principios éticos que se puedan aplicar a los códigos de programación. Un ejemplo de ello es el principio de la «minimización de datos personales» por el cual solo se debe procesar el mínimo de datos personales necesario para ofrecer un servicio o ejecutar una tarea. Este es un principio técnico que tiene una importancia vital y afecta al procesamiento de información debido a la enorme cantidad de datos que se pueden recabar por diferentes medios.

Lo que hemos leído, o visto en algunas películas, algún día será realidad: la toma de decisiones sin intervención humana mediante algoritmos informáticos, robótica, vehículos autónomos, o cosméticos inteligentes.... Esta cuarta revolución industrial dejará su huella en todos los sectores.

El término «revolución industrial» ha estado asociado a tres ámbitos de cambio: el transporte, la energía y las comunicaciones. Si la primera revolución, a mediados del siglo XVIII, estuvo marcada por la incorporación del telégrafo y del ferrocarril como medio de transporte gracias a la invención de la máquina de vapor, la segunda revolución comienza en la primera década del siglo XIX, impulsada por la llegada del motor de combustión. Esta máquina tiene al petróleo como fuente de energía, mientras que el teléfono sustituye al telégrafo como impulsor de las comunicaciones. La tercera revolución se produjo hace apenas veinte años con la llegada de Internet, las energías renovables y el vehículo eléctrico (que curiosamente se desarrolló en su momento antes que el propio motor de combustión).

En el presente estamos viviendo lo que se ha dado en llamar la «Cuarta Revolución Industrial». Esta nueva revolución tiene nuevas coordenadas, además de la energía, el transporte y las comunicaciones. Son coordenadas industriales, con fábricas inteligentes, introducción del uso de robots de manera intensiva y la omnipresente impresión 4D. Estamos hablando de un nuevo paradigma en el que el propio producto es capaz de automodificarse para ser más eficiente. Asistimos también al diseño de nuevas redes de transporte dominadas por los vehículos autónomos y simuladores de producto con dobles digitales. Cambios en la forma en la que conservamos la energía mediante el desarrollo de nuevos métodos de almacenamiento cada vez más pequeños y duraderos, como la batería de grafeno. Nuevas coordenadas en desarrollos, como el diseño genético, el acceso a perfiles psicológicos y emocionales de individuos y, por supuesto, a una nueva manera de entender la estructura de los datos a través de «bloques». Estos «bloques» de información están conectados entre sí y con otros «bloques» anteriores siguiendo una línea temporal. Si modificamos algo en uno de ellos el cambio se produce en todos: es el *blockchain*.

Esta nueva tecnología ha llegado para quedarse. *«Dado que mantener el status quo no es una opción, necesitamos un debate fundamental sobre la forma y los objetivos de esta nueva economía».* Estas palabras son de David Ritter,

CEO de Greenpeace Australia-Pacífico. El único medio que conocemos de evitar el miedo es el conocimiento.

La AI será causante de que ingentes cantidades de empleos se pierdan. Según la consultora PWC, en 2025 la cifra de sustitución de empleos ascenderá a 140 millones de trabajos que actualmente están señalados como abocados a la desaparición, empleos que dependan de la capacidad de almacenar información, pero sin el filtro de las preguntas, o aquellos que dependan de una capacitación física en una cadena de trabajo. Quizá el mejor ejemplo para entender esto lo tengamos al comparar un tornero y un leñador. Ambos son personas con actividades físicas, ambos utilizan herramientas para hacer el trabajo. El tornero desaparecerá, el leñador no. ¿Por qué? Porque el leñador siempre tendrá que elegir entre un árbol u otro para cortar; el tornero no elige qué madera trabajar, solo ejecuta un patrón. Si eres leñador, seguirás teniendo trabajo.

Para PWC, el 45% de los puestos de trabajo actuales son reemplazables por tecnología. Señalados para su desaparición son los empleos que están «alrededor» de abogados, contables, redes sociales, operadores de Bolsa, salud y, por supuesto, conductores y trabajadores de fábricas. Todos los movimientos que llevamos a cabo como humanos, un programador los puede simular. Un proceso robótico de automatización (RPA) puede llegar a imitar todo tipo de interacción humana.

Goldman Sachs piensa que la expansión de los vehículos autónomos en nuestras vidas provocará que veinticinco mil transportistas pierdan al año sus empleos dentro de cinco años. Asimismo, desaparecerá un ingente número de operarios de los grandes centros logísticos al poder ser gestionados con tan solo un reducido número de trabajadores. Estamos hablando de trabajos en almacenes, que en estos momentos ocupan alrededor de veinte millones de personas en todo el mundo.

Tampoco es un secreto que la sustitución de gran parte del trabajo humano intensivo en las líneas de montaje de las fábricas ya se está llevando a cabo con robots programados. En las elecciones presidenciales norteamericanas de 2016, el candidato ganador centró su discurso en la globalización y la inmigración como las causas de la pérdida del empleo en los EE. UU. en los últimos diez años. Pero todo está cambiando; en la actualidad aparecen nuevos enemigos en el discurso: la automatización incesante de procesos a lo largo de la cadena de valor y la inteligencia artificial.

Hemos apuntado que la logística es uno de los campos que más rápidamente se van a integrar en esta nueva realidad. Kiva Systems (adquirida por Amazon en el 2012 por casi ochocientos millones de dólares) fabrica robots que localizan y transportan eficientemente artículos dentro de almacenes utilizando procesos de inteligencia artificial y robótica avanzada para proporcionar a los vendedores minoristas nuevas soluciones de gestión de stock sin apenas operarios. Estos sistemas, que están diseñados para sustituir a los humanos, trabajan 24/7 y además no requieren de iluminación ambiental para operar.

Las posibilidades de la AI son inimaginables y consecuentemente atemorizan. Bill Gates, el fundador de Microsoft, no tranquiliza mucho cuando dice que la AI puede ser nuestra amiga y es buena para la sociedad en su conjunto. En Japón están trabajando para que dentro de muy pocos años la asistencia social a los ancianos la hagan robots y no cuidadores. En el Reino Unido, IntelligentX ha desarrollado un proyecto para elaborar la primera cerveza mediante inteligencia artificial; DeepFish en Rusia está utilizando las redes neuronales para identificar a los peces, y la empresa Hoofstep de Suecia está ampliando capital para llevar a cabo un análisis de comportamiento basado en el aprendizaje de los caballos. Pero los que están haciendo el mayor desembolso en estas nuevas tecnologías son los chinos, ¿nos extraña?

CHINA QUIERE LA CABEZA

El gobierno chino lleva diez años promoviendo un plan de inteligencia en todas las áreas posibles de desarrollo. China está dispuesta a todo para eclipsar a los Estados Unidos y otros países occidentales dentro de una década en materia tecnológica.

En el año 2017 las *startups* de inteligencia artificial de China coparon el 48% del dinero destinado a *startups*. Este mismo año, el gobierno chino se ha propuesto alcanzar un nivel similar a Estados Unidos y convertirse en el líder mundial de AI en 2030.

China posee unos enormes recursos, actúa como una gran empresa, aunque no sea tal, y sigue comiéndoles el terreno en esta nueva frontera tecnológica a multinacionales y países que compiten por su control.

Según un informe reciente de McKinsey, *Alphabet,* la empresa matriz de Google, invirtió 30.000 millones de dólares en desarrollar tecnologías de AI; Baidu, que es el buscador chino más importante, había invertido 20 mil millones en el mismo periodo. Es bien patente que el gobierno chino quiere controlar el futuro a través del dominio de esta tecnología. Tenemos la certeza de que en un futuro los conflictos bélicos se dirimirán mediante la inteligencia tecnológica dedicada a la defensa, la vigilancia, el reconocimiento de personas y la ciberseguridad.

El uso de la AI en la guerra es el que apenas se está tratando, aunque dejamos escrita aquí la visión de lo que será una lucha épica sin cuartel en pocos años. La revista Forbes cuenta que los empleados de Project Maven de Google se opusieron recientemente a que sus avances fueran utilizados con fines bélicos. Una voz autorizada como la de Sandro Gaycken, asesor sénior de la OTAN y fundador del instituto ESMT, escuela de negocios con sede en Berlín, plantea que tales iniciativas éticas son sumamente complacientes y ponen en riesgo que estados autoritarios como el chino cobren una gran ventaja: *«Si estos ingenuos desarrolladores hippies de Silicon Valley no lo entienden, la CIA debería obligarlos»*.

Como indica Forbes, el desarrollo de armas cibernéticas superiores de inteligencia artificial permitirá que un bando identifique y explote las debilidades computacionales de la infraestructura de TIC del adversario. Desde una perspectiva militar abre unas posibilidades hasta ahora insospechadas. *«Se podría atacar un comando militar y un centro de control, se podrían atacar vehículos militares, sistemas de armas y plataformas, se podrían atacar barcos de guerra enteros e incluso drones»*, dice Gaycken.

Tres de las mayores compañías tecnológicas chinas, Baidu, Alibaba y Tencent, conocidas como BAT, están invirtiendo ingentes recursos en el desarrollo de AI. No creamos que estas compañías solo operan en su ámbito local; están establecidas en California e invierten en compras de empresas americanas. Un ejemplo: la empresa china Ant Financial compró Zoloz, una pequeña compañía de reconocimiento facial con sede en Kansas City por cien millones de dólares en 2016. El sistema de seguridad desarrollado por la *startup* se convirtió en un componente central del servicio de pago más famoso de China: Alipay. A través de dicho servicio la matriz obtuvo acceso inmediato a los rostros de cientos de millones de usuarios. Un asunto no menor, al no tener que lidiar con estrictas leyes de privacidad como las que existen en Europa o con amenazas de demandas de privacidad, como ocurre en los EE. UU.

En la actualidad, el recurso más valioso a la hora de entrar en un mercado con garantías son los datos comerciales de sus consumidores. China cuenta con un mercado potencial de mil cuatrocientos millones de ciudadanos y el BAT podría hacerse pronto con el control de los datos de todos ellos sin atenerse a unas reglas de juego mínimas, sin las restricciones de privacidad y seguridad que imponen a través de sus legislaciones los países occidentales. Ellos van por libre y las redes también. Nuestra cultura está empeñada en preservar la identidad/intimidad, concepto que no existe en China. Recientemente escuchamos en un programa de la CNN: *«Si los datos son el nuevo petróleo, China es la nueva OPEP. Pronto ejercerá una influencia tremenda en el comercio online mundial, en los vehículos autónomos y en la nueva carrera espacial».*

LA MÁQUINA APRENDE

La AI es un concepto paraguas que contiene otros términos como los procesos de aprendizaje automático de máquinas o *machine learning*. El objetivo del *machine learning* es muy específico: crear algoritmos con funciones cognitivas que reemplacen a los humanos en un aprendizaje continuo, dependiendo de la interacción; es como si alguien nos observara continuamente y fuera aprendiendo cada vez más sobre nosotros. El *machine learning* logra el aprendizaje a partir de los datos que se le introducen y de la ejecución de los algoritmos, pero orientado a educar a la máquina para fomentar su autonomía imitando la mente humana. Se considera inteligencia artificial cualquier programa de *software* que hace algo «inteligente», sea un videojuego que va aprendiendo del jugador o un sistema de reconocimiento de voz como Alexa de Amazon.

En 1996, Deep Blue de IBM venció al gran maestro de ajedrez Garri Kaspárov. En 2016, AlphaGo de Google, Deep-Mind, venció al Go a Lee Sedol, el campeón de esta modalidad de juego. Ambos son ejemplos de una inteligencia artificial limitada programada para llevar a cabo una tarea específica. Deep Blue utilizaba reglas y posibilidades de movimientos, dependía de su programa, no era una forma de aprendizaje automático. En el caso de DeepMind, venció al campeón mundial de Go después de ser entrenada con los datos proporcionados por los más expertos jugadores.

AGI *(Artificial General Intelligence)* es como denominamos a la inteligencia general de una máquina que puede realizar con éxito una serie de tareas intelectuales asemejándose a los humanos. Por último está la AI *super intelligence*. Esta tecnología da un paso más allá, según el experto Nick Bostrom: *«un intelecto que es mucho más inteligente que los mejores cerebros humanos en prácticamente todos los campos, incluida la creatividad científica, la sabiduría general y las habilidades sociales»*. Estamos hablando de lo que se ha denominado la «singularidad». En otras palabras, es cuando las máquinas nos han superado ya que toman sus propias decisiones. La teoría es simple: las máquinas toman datos y «aprenden» por ellas mismas.

Los sistemas de aprendizaje automático pueden aplicar rápidamente el conocimiento y la capacitación de grandes conjuntos de datos: traducción de textos, mapas para GPS, reconocimiento facial o de voz. El aprendizaje automático reconoce y genera nuevos patrones realizando predicciones. Todo aprendizaje automático es parte de AI, pero no todos los sistemas inteligentes cuentan con un aprendizaje automático.

El aprendizaje profundo *(deep learning)* es un subconjunto del aprendizaje automático. Las redes neuronales artificiales profundas consisten en una serie de algoritmos que alcanzan nuevos niveles de precisión en muchos problemas importantes, como la creación de perfiles psicológicos, el reconocimiento de imágenes y sonidos, los sistemas de recomendación, etc. Utiliza técnicas de aprendizaje automático para resolver problemas del mundo real recurriendo a redes neuronales que simulan la toma de decisiones humanas. Por ejemplo, un algoritmo de aprendizaje profundo podría ser entrenado para «aprender» cómo distinguir un caballo. Insertaríamos un conjunto de datos/imágenes para entender los pequeños detalles, las diferencias entre un caballo, un burro o una cebra. En el caso de los humanos, tomaríamos datos para distinguir la psicología de un humano de otro y que la máquina pueda simular una relación empática con cada uno. Pensemos que lo realmente importante para que la comunicación sea efectiva es que la máquina se adapte a nosotros y no al revés, intentando dotarla de personalidad propia.

El aprendizaje profundo es parte del notorio algoritmo de AlphaGo, DeepMind, o del *software* Human Data, que establece diferencias cognitivas de acuerdo con el uso de las palabras que utilizamos, los contextos en los que lo hacemos y nuestros comportamientos.

Este procesamiento de volúmenes masivos de información está creando una revolución que va desde la industria manufacturera o el sector de la salud, hasta el diseño y la gestión de ciudades con soluciones más eficientes y rentables. Haz el cálculo; con una macroempresa de logística que gracias a esta solución fuera capaz de reducir el coste de una flota de ciento ochenta mil camiones de quince a tres céntimos por km, el cálculo del ahorro se elevaría a millones de euros semanales. Ese mismo tipo de eficiencia se puede trasladar a casi todas las industrias, desde el comercio minorista hasta la planificación urbana.

Drones, vehículos autónomos y demás dispositivos inteligentes están conectándose y dialogando con otros dispositivos, y todo esto mientras suben datos a la nube. Muchos de estos dispositivos operarán en tiempo real. En consecuencia, la cantidad de datos producidos obligará a los proveedores de telefonía móvil a moverse más rápido que nunca hacia el 6G. El nivel de hiperconectividad deseada por los usuarios hoy en día deja poco espacio para no avanzar hacia el 6G.

ROBOTS, BOTS Y CHATBOTS

«Robot» es un vocablo que se deriva de la palabra checa «robota», que significa «servidumbre» o «esclavitud» y se utilizaba para referirse a trabajadores sin ningún tipo de derechos que trabajaban de manera forzada en los campos del Imperio astro-húngaro hasta 1848. El término «robot» fue utilizado por primera vez en 1920 por el dramaturgo checo Karel Čapek en su obra teatral *R.U.R* y cuenta la historia de un científico que se propone la fabricación de criaturas de apariencia humana; todo cambia cuando a estos robots se les confiere un alma y se rebelan declarando la guerra a los humanos.

Hay tres términos con una raíz similar que representan avances tecnológicos diferentes. El término robot es una máquina física diseñada para ejecutar un trabajo físico, un dispositivo que realiza automáticamente tareas de movimiento que se asemejan a una criatura viviente y son casi siempre repetitivas. Es conocido por todos el uso de robots en la industria del automóvil con ingenios capaces de moverse independientemente, realizar acciones de sujeción y desplazamiento con una precisión absoluta. A este concepto de robot con movimiento también se le suma el de otra obra de teatro de Capek, *El alma*. Por lo tanto identificamos como robots a máquinas con capacidad de movimiento, entendimiento y habla.

Para no introducir confusión al lector, la AI y los robots, entendidos como máquinas automáticas, no son lo mismo.

Por una lado están las reglas automatizadas que ejecuta una máquina y por otro la AI, que trabaja en la creación de reglas con las que medir la eficiencia y desarrolla parámetros de actuación. Esto significa que la AI escoge el proceso más eficaz. Para el experto en robótica de la Universidad de Osaka, Hiroshi Ishiguro, estos son dos entes que se encuentran en un punto pero que siguen distintos caminos: «*No es lo mismo utilizar un robot para realizar actividades cotidianas que utilizar la robótica cognitiva, un nuevo concepto definido por robot dotado de IA que puede aprender y razonar, ya sea a través de modelos existentes o creando sus propios conocimientos*».

Según Merriam-Webster, la definición de «bot» es «*un programa informático que realiza tareas repetitivas automáticas*». Los *bots* también actúan como una herramienta fundamental para automatizar las interacciones y el compromiso con el contenido del sitio web a gran escala. Los *bots* en Internet no son nuevos. Los motores de búsqueda como Google usan *bots,* a menudo conocidos como *rastreadores web*, para analizar contenido e indexar la web. El uso de un *bot* en su caso permite catalogar los sitios mucho más rápidamente y de manera más escalable de lo que los humanos podrían lograr solos. Esta solución es utilizada principalmente para llevar a cabo las funciones de atención al cliente.

Un *chatbot* es un tipo de *bot* diseñado para interactuar con los humanos por medio de una conversación. Esta automatización de los procesos de diálogo la vemos a diario cuando visitamos un sitio web y hacemos una consulta que es contestada al momento en un *chat*. Los objetivos en el empleo de los *chatbots* no son los de reemplazar a los humanos en la interacción; lo que pretenden es ganar velocidad y aumentar los volúmenes de las interacciones con los clientes.

A medida que las personas exploran nuevas formas de interacción, la tecnología continúa creando nuevas formas de automatización de esas interacciones. En un periodo muy corto de tiempo todas las compañías dispondrán de un *chatbot* gracias al cual los clientes podrán gestionar sus pedidos y servicios a través de una conversación con un *bot* automatizado. Facebook ya proporciona estas herramientas de API (interfaz de programación de aplicaciones) para que puedas crear estos *chatbots* para tu empresa.

UN MUNDO DE VOCES

A finales de 2014, Amazon sacó al mercado Alexa. Desde ese momento los asistentes de voz inteligentes han ido llegado a nuestras casas para quedarse. LG, Google o Apple, que utiliza la famosa Siri como referente, están en plena batalla para instalarnos en todos los ámbitos asistentes virtuales: coches, móviles, casa, ordenadores, etc.

Fácil de usar, esta interfaz de voz ha llevado la AI primero a los *smartphone*s y luego, junto con la televisión, a nuestros hogares. La expectativa es que se quede con nosotros por muchos años. Seguro que estos asistentes de voz caseros se irán especializando para abordar funciones cada vez más complejas como la integración con los navegadores de coche, que rectifican su ruta en tiempo real y buscan aparcamiento, restaurantes o gasolineras con mejores precios de combustible, ya que conocen el nivel del depósito de gasolina. Imaginemos que antes de dirigirnos a nuestro vehículo le decimos al asistente virtual adónde queremos ir. Él nos recomendará la mejor hora de salida y le transmitirá al coche la ruta idónea para que cuando nos sentemos al volante esté todo programado.

Pero vayamos poco a poco. La ciudad de Kansas City, por ejemplo, utiliza en la actualidad una combinación de transmisiones de vídeo y sensores para predecir y analizar el tráfico y el estacionamiento en toda la ciudad, y disponibilidad de esa información en tiempo real.

Esta interacción con los asistentes virtuales no requiere de nuestro tacto, las manos están libres para llevar a cabo otras funciones. Podemos usar además expresiones faciales o cualquier otra forma de comunicación, aunque la conexión clave con la AI seguirá siendo nuestra voz. Los consumidores se han habituado a la comodidad y desean un interfaz sencillo y rápido para hacer pedidos a una tienda, recibir avisos o programar alarmas. Estos interfaces basados en voz nos hacen la vida más fácil, más agradable. Hoy basta con pedir en voz alta una determinada canción a través de un dispositivo conectado a Internet para lograr que esta suene, cuando antiguamente teníamos que buscarla entre una pila de vinilos, de CD-ROM o en el disco duro de un ordenador mediante el uso de un teclado. Ahora solo tienes que dar una orden a ese «esclavo virtual» que habita dentro de un pequeño altavoz para encontrar lo que buscas.

Se estima que Amazon vende alrededor de veinte millones de unidades al año de los Echo, su serie de altavoces inteligentes que incorporan Alexa. Si agregamos las ventas de otros dispositivos inteligentes como Google Home o el Apple HomePod, cientos de millones de humanos se están habituando a interactuar con Internet a través de la voz.

Los *softwares* de voz han llegado a un punto tal de sofisticación que ni nuestra madre distinguiría una voz artificial de nuestra voz real. Lyrebird es una de estas plataformas tecnológicas que crean voces. Pat Quinn es un ejecutivo aquejado de una enfermedad degenerativa de tipo neuromuscular que le ha dejado sin voz. Lyrebird utilizó vídeos de las charlas que dio Quinn para recrear su voz y que este pudiera utilizarla en su comunicación. Ya es posible que los usuarios personalicen con sus propias voces los asistentes personales. Herramientas como Gong, Chorus y Jog son capaces de grabar llamadas hechas por representantes de ventas y servicio al cliente con el objeto de que aprendan a hablar de forma más eficaz, utilizando algoritmos de aprendizaje automático. El desafío al que se enfrentan estas plataformas conversacionales es que los usuarios deben comunicarse de una manera muy estructurada, y esto resulta a menudo una experiencia frustrante.

Constatamos el hecho de que el clonaje de nuestras voces tiene el riesgo de que su uso sirva para el engaño. Imagínese clonar la voz de alguien para dar de alta o comprar algo sin autorización. Adentrarse en el futuro tiene sus riesgos. Dejar al desnudo nuestras carencias e ignorancias es todo un riesgo. Otro riesgo se produce debido a que estos dispositivos son de fácil acceso o «jaqueo», y por lo tanto susceptibles de ser utilizados en contra de nuestra de voluntad. No olvidemos que, además de altavoz, estos ingenios conectados a la nube tienen micrófono. Gary McKeown, de la University Belfast, resume el futuro de los asistentes virtuales: *«El objetivo es crear tecnologías de lectura mental automatizadas y dirigidas a que las comunicaciones se adapten a un individuo determinado. Tecnologías como estas podrían usarse para generar interacciones más atractivas, pero también materiales y técnicas que sin duda podrían ser objeto de abuso».*

LOS CLIENTES ARTIFICIALES

La hibridación personas-tecnología está llegando poco a poco, sin darnos cuenta, y está condicionando este nuevo mundo a sus necesidades. Una encuesta reciente de la consultora Gartner mostraba que el 41% de las empresas ya están planificando sus estrategias de AI, mientras que el resto de las organizaciones están a la expectativa.

Un cálculo aproximado sitúa en el medio millón el número de investigadores cualificados actualmente en el campo de la AI en el mundo, incluyendo estudiantes en las diferentes ramas de ingeniería. Pero las empresas demandan por encima del millón de especialistas para sus necesidades actuales.

Una búsqueda rápida de trabajo relacionado con AI en Internet nos muestra miles de puestos de trabajo actualmente disponibles y además bien pagados. Según IBM, la demanda de especialistas en materias relacionadas con *big data* y AI rondará los tres millones de empleos dentro de un par de años. A medida que las empresas se esfuerzan en recopilar y analizar eficazmente sus datos, se generará inevitablemente una mayor demanda de profesionales capaces de manejar y entender las ingentes cantidades de datos con el fin de darles un uso adecuado.

El conjunto de clientes artificiales con capacidad de compra que utilizan mecanismos con base en algoritmos de AI son muy pocos. La mayoría de los que existen no saben que lo son. No podemos considerar clientes artificiales a aquellos que responden a una oferta de un determinado portal basándose en elecciones previas pues en ese caso es el consumidor el que planteará una preferencia que los algoritmos tendrán que buscar.

La AI utiliza un mundo de probabilidades para determinar la respuesta o decisión apropiada a cualquier problema planteado por un cliente. Cuanto mejores sean los datos de los que dispongamos, mejores serán las predicciones que determinen una respuesta eficaz y personalizada. Por ejemplo, es en ese campo donde actúa la empresa Human Data, identificando los perfiles psicológicos de los individuos, haciéndolos únicos para que las máquinas puedan tratar a sus clientes de manera personalizada. La identificación de patrones únicos será la clave de las relaciones hombre-máquina.

Todo el mundo, niños y mayores, utilizan ya Alexa, Siri, Cortana u otros *chatbots*. Los servicios de atención al cliente están comenzando a entender que la AI se va a incorporar de forma regular a sus equipos, junto a la robótica y la analítica de datos, para la comercialización de productos y servicios. Las empresas comienzan a utilizar AI para conectarse y comunicarse con sus clientes de manera más sutil. Esto incluye una automatización más rápida, más barata y más inteligente en sus interacciones; desde los mensajes SMS, con la generación de contenidos específicos, hasta la fabricación industrial personalizada.

Uno de los primeros sectores empresariales preparados para estas integraciones son los entornos clínicos. La ventaja de la AI en el diagnóstico de enfermedades reside en la detección precoz y en una mayor precisión. El aprendizaje automático busca identificar y analizar enfermedades para lograr nuevos fármacos, tratamientos y curaciones en una menor fracción de tiempo y costo.

Pensemos que los algoritmos de aprendizaje de una máquina pueden comparar una imagen médica con la de millones de otros pacientes, apreciando matices que un ojo humano no podría percibir a simple vista. Otro ejemplo son las herramientas de monitoreo de pacientes. SkinVision utiliza la visión de una cámara programada para hacer seguimiento de manchas en la piel o de cualquier otro tipo de alteración. AstraZeneca, empresa farmacéutica, ha firmado un acuerdo de colaboración con Ali Health, una filial del gigante de las ventas *online* Alibaba, para desarrollar en China aplicaciones de diagnóstico y detección asistida por AI.

A medida que la tecnología se desarrolle, otra área en donde observaremos progreso será en el mundo agrícola, mediante el uso de robots de recolección dentro de granjas.

Las generadoras de contenido son las que más están avanzando en estos usos tecnológicos. Wibbitz ofrece una plataforma que permite a los editores convertir contenido escrito en contenido de vídeo; dicho de otra manera, el programa elige la ilustración dentro de un banco de imágenes según va leyendo y lo hace en pocos minutos. Otro ejemplo es WordSmith, creada por Insights, que genera noticias escritas basadas en datos y en gráficos.

Estas plataformas de comunicación virtuales van a continuar evolucionando hacia acciones aún más complejas, como la recopilación de testimonios orales de testigos de un crimen para ayudar a la Policía, y creando incluso un bosquejo del rostro del sospechoso basado en estos testimonios.

LA INTELIGENCIA EMOCIONAL DE LA AI

Nosotros somos seres de propósitos muy generales mientras las máquinas lo son de propósitos muy específicos. Las creamos para necesidades especiales y para que lleven a cabo tareas repetitivas sin gran complejidad cognitiva. Aún no sabemos hacer máquinas de propósito general pero se está trabajando en ello. Esto nos conduce a la necesidad de dotar de inteligencia emocional a las máquinas, de dotarlas de empatía hacia los humanos. Muchos han pensado que la tecnología iba a avanzar más deprisa y sobre esta idea han creado un conjunto de alarmas. Suele ocurrir que cuando no tenemos toda la información, o esta viene sesgada, amplificamos los efectos de los mensajes para bien y para mal.

Conocer mejor a los clientes nos abre la puerta a nuevos tipos de relaciones, lo que se ha dado en llamar la «humanización de la innovación».

El cerebro es quizá el órgano más complejo, con más de 86.000 millones de neuronas conectadas entre sí que desarrollan todas las funciones necesarias para el día a día: el aprendizaje, la memoria, el reconocimiento, la inteligencia...

y otras funciones que son innatas y que están implícitas en nuestro código genético.

Cuando hablamos de inteligencia emocional nos referimos a una serie de capacidades individuales como la motivación, el control de los estados de ánimo, la determinación o la capacidad de empatía con los otros humanos o con los animales.

La psicología social trata de entender aquellas reglas por las que se rige la convivencia entre los humanos; por tanto, trabaja en extraer patrones de conducta que sirvan para identificar aisladamente a cada individuo, pero entendiendo el perfil psicológico que modula su comportamiento dentro de un grupo. Es decir, la influencia de las relaciones sociales sobre la conducta y los estados emocionales de las personas. En este entorno es donde la llegada de la AI está dejando patente que cada vez es más necesario el estudio que mejore el entendimiento entre humanos y máquinas. Un buen maridaje, una buena hibridación, será la clave.

Sabemos cómo es la memoria de nuestros clientes, podemos generar lenguajes naturales para entendernos con ellos, podemos conversar y podemos aprender, pero la barrera más difícil ya está al alcance de la mano: entender cómo es cada individuo para que a las máquinas se adapten al humano. En lograr este objetivo trabajamos en Human Data; analizamos la actividad *online* y móvil de las personas y componemos un perfil completo personal y psicológico de cada individuo, o de un colectivo de la población, que monitorizamos y trasladamos a las máquinas para que ofrezcan un trato individualizado.

La personalidad, los valores y las necesidades humanas determinan el *set* más completo con el que se ha trabajado nunca en este campo. Raquel Martín, la directora científica del proyecto, y Rafael Hernández, CEO y fundador, forman el dúo de inteligencia emocional artificial más increíble en este campo. Sus modelos de predicción basados en el uso de palabras y de comportamientos hacen de Human Data la herramienta más efectiva para entrar en el campo de la ultra personalización. Las grandes empresas preparan ya el futuro e impulsan su transformación digital con AI de la mano de sus clientes. Y en este contexto se hace necesario un entendimiento lógico entre humanos y máquinas.

Las máquinas son rápidas, muy rápidas cuando una tarea puede ser traducida a cálculos matemáticos y a tareas repetitivas. Las personas, por el contrario, son espectaculares en el reconocimiento de patrones, habilidades del lenguaje y pensamiento creativo.

La AI permite detectar patrones de comportamiento humano e identificar diferencias en la actuación de distintos grupos, desde mujeres por edades hasta clases sociales. Esto supone un tema ético, ya que un equipo de programadores puede decidir discriminar de forma más o menos legítima u ofrecer servicios o informaciones diferentes, en definitiva, influir. «*No es el cliente, ciudadano, quien debe entender el proceso técnico que hay detrás de la IA para poder usarlo. Son los ingenieros, los científicos de datos, así como los departamentos de marketing y los gobiernos que la usen o tengan que regular dichas tecnologías, los cuales deben comprender la dimensión social y ética de la inteligencia artificial*». Así se expresa Lorena Jaume-Palasí, directora ejecutiva de AlgorithmWatch y miembro del Grupo de Sabios sobre Inteligencia Artificial y Big Data del gobierno español.

Las aplicaciones inteligentes también establecen nuevas capas intermediarias entre las personas y los sistemas, y tienen el potencial de transformar la naturaleza y las estructura del lugar de trabajo, como se observa en los asistentes virtuales de clientes y en el teletrabajo. Es ahí donde la AI se ha convertido en el próximo campo de batalla de una amplia gama de *software* y mercados de servicios.

AI MARKETING

Las empresas digitales confían en su capacidad de preparación para lo que viene. Es el propio negocio digital el que está creando un entorno de seguridad complejo y evolutivo. El uso de herramientas cada vez más sofisticadas aumenta la potencia de las amenazas a las que vamos a estar expuestos. Esta evolución continua de los riesgos es el mejor caldo de cultivo para la toma de decisiones en tiempo real.

En una misma balanza ponemos el riesgo y la confianza, dando como resultado un mundo con cada vez mayor número de herramientas a nuestra disposición para nuestro negocio y seguridad. No olvidemos que lo que quiere nuestro cliente son compras más rápidas y cómodas a través de un método de pago sencillo y seguro.

La expresión «a tiempo real» ha sido promocionada entre los vendedores durante años, pero no fue posible hasta que el aprendizaje automático apareció en escena. Son los nuevos clientes los que entienden sus necesidades, y estas cambian constantemente en función de los datos a su alcance, prácticamente ilimitados, y de unos comportamientos analizados por las máquinas.

«El aprendizaje automático y otras tecnologías de vanguardia han abierto nuevas oportunidades para invertir su presupuesto de marketing de forma más inteligente», dice Rafael Jiménez, experto en marketing digital y CEO de Adinton, una red profesional. *«Estas nuevas tecnologías permiten a las empresas analizar toneladas de datos en tiempo real, las 24 horas del día, los 7 días de la semana, obteniendo conocimientos profundos. Manejar grandes volúmenes de datos y obtener conocimientos potentes y procesables será la base más importante para cualquier negocio online en estos días».*

A falta de una mejor estrategia, las campañas de marketing han trabajado con el método de prueba y error. Las campañas siguen jugando a diversificar los impactos con la esperanza de noquear al cliente. Seguimos trabajando en el sueño de hacer campañas de marketing que sean vistas por las personas objeto de nuestro *target*: personas que buscan lo que ofrecemos o personas cuyo comportamiento sugiere que están buscando lo que nosotros vendemos.

Sabemos que el *machine learning* tiene el potencial de reducir gran parte de la naturaleza imprecisa del marketing. Utilizando millones de datos de comportamiento, los departamentos de marketing podrán dirigirse a sus clientes con precisión, frente a las planificaciones no muy consistentes que hemos hecho hasta ahora de tendencias y patrones de compra.

Empecemos a pensar de forma diferente para darles a nuestros clientes lo que quieren antes de que ellos mismos sepan que lo quieren. Toda esta nueva manera de pensar estará respaldada por datos y no será ya resultado de simples sugerencias de los representantes de una agencia con capacidad de convicción en una reunión.

Tesco, la tercera cadena de alimentación más grande del mundo, está trabajando en un proyecto piloto en Corea del Sur donde ha instalado en el metro carteles con sus productos y códigos QR. Los clientes tienen la posibilidad de hacer la compra mientras viajan en el vagón. Son los dispositivos móviles y el libre acceso a Internet los que se van a convertir en el foco de la comercialización de productos.

Los creativos utilizan los datos generales para producir ideas generales, creando anuncios o campañas globales con muchas hipótesis de trabajo, creencias, figuraciones y deducciones, puro instinto. Ahora esa creatividad estará dirigida a la comunicación ultra personalizada. Personalizar la imagen y los mensajes es un paso más en el camino al futuro, y consistirá en que diferentes espectadores vean diferentes marcas cuando estén mirando un mismo programa de televisión. Incluso es posible que algunas escenas y diálogos difieran dependiendo de la persona o del grupo de personas que lo estén contemplando.

La AI reducirá los gastos de marketing porque requiere mucha menos gente en el proceso productivo. Estamos hablando de departamentos con más foco en el control y buenas herramientas que monitoricen lo que ocurre en nuestro entorno. La fidelización de nuestros clientes será un hecho debido al control de todo lo que ocurre a su alrededor y a nuestros sistemas de respuesta automatizados.

Las tendencias futuras de marketing están centradas en garantizar los datos de nuestros clientes, su privacidad y medios de pago que les generen confianza. Tenlo en cuenta, ya llegas tarde.

KOLIMA
BOOKS